AF253746

AVIS

AUX

HONNÊTES GENS

SUR LEURS ERREURS

ET SUR LEURS DEVOIRS.

PARIS.

IMPRIMERIE BAILLY, DIVRY ET Cᵉ,

PLACE SORBONNE, 2.

—

1850

AVIS

AUX

HONNÊTES GENS,

SUR LEURS ERREURS

ET SUR LEURS DEVOIRS.

I.

Une des plus singulières et des plus audacieuses prétentions des révolutionnaires de notre temps est d'accomplir en Europe, et sans doute ensuite dans le monde entier, une révolution qui bouleverse et anéantisse les principes sur lesquels ont été fondées jusqu'ici toutes les sociétés humaines, ou, en d'autres termes, de faire ce qu'ils appellent une *révolution sociale.*

L'esprit révolutionnaire du dix-neuvième siècle possède, nous le savons, une force immense de destruction; mais il ne lui est pas donné de pouvoir changer la nature humaine, ni les institutions qui en sont les conséquences. Le génie du mal a un domaine très-vaste, mais limité cependant, et nos anarchistes sont comme ces barbares qui, après avoir renversé un temple et dispersé ses fondations, assouvissaient sur le tuf leur rage aveugle et impuissante. Les vraies révolutions sociales sont celles qui modifient, qui changent successivement et lentement ce qu'il y a de variable dans les sociétés, d'abord les idées, puis les mœurs, et enfin les lois des peuples. L'histoire du monde est remplie de ces révolutions qui sont les phases mêmes de la civilisation.

Comment donc se fait-il que les mots de *révolution sociale* qui se trouvent depuis deux ans dans toutes les bouches et sous toutes les plumes, mots vides de sens ou menteurs, soient devenus un cri de guerre, propre à exciter les passions de la foule et à glacer d'effroi le cœur des honnêtes gens ? La réponse est facile.

La France poursuivant la chimère d'une liberté politique qu'elle ne comprend pas, qu'au fond elle n'aime pas, et pour laquelle son caractère n'est pas fait, a essayé et s'est promptement dégoûtée de toutes les formes imaginables de gouvernement, des meilleures institutions, des plus sages lois; et elle en est arrivée, après des variations sans fin, à nier le principe même de l'autorité, sans lequel aucune société n'a existé et n'existera jamais, et à le remplacer par le déchaînement des volontés individuelles. De là les folies et les excès dont nos pères et nous avons été les témoins et les victimes, et dont on nous menace encore ; de là l'anarchie d'idées, de vœux, d'espérances qui nous tourmente tous plus ou moins en ce moment.

Les uns appellent ce désordre le prélude nécessaire d'une rénovation sociale dont le germe se trouve dans le christianisme, qui s'est développée par la réforme religieuse au seizième siècle, par la révolution française au dix-huitième, par la révolution de Février au dix-neuvième, et qui n'a plus à surmonter que de faibles obstacles pour être complétement réalisée; les autres n'y voient que la maladie d'un peuple qui, ayant brisé tous les liens sociaux, ne sait plus se gouverner et marche au hasard, cherchant en vain à donner, de ses fautes et de ses revers, une explication philosophique.

Lorsqu'une nation ne peut plus supporter le frein d'aucune autorité, et que nul gouvernement ne saurait plus lui convenir ni la satisfaire, elle est bien près de revenir à l'état primitif ou de périr; il n'est donc pas étonnant que, chez elle, un grand nombre d'esprits, pleins d'une extrême audace ou d'une extrême faiblesse, croient sincèrement que les principes de sociabilité déposés par Dieu dans le cœur de l'homme, vont à leur tour y succomber, ainsi qu'y ont succombé les institutions et les lois humaines. Ceux qui ont toujours triomphé dans la révolte contre le pouvoir politique sont trop enivrés de leurs succès pour regarder les lois naturelles comme un obstacle à leurs desseins; ceux qui ont été toujours vaincus en défendant les lois, perdent confiance dans les principes supérieurs aux lois, et cette nation redoute des maux impossibles.

Si nous ne devons pas supposer que les éléments sociaux puissent succomber chez nous, pas plus qu'ailleurs, parce qu'ils sont la condition de l'existence de l'homme; si la religion, la famille et la propriété doivent durer tant qu'il y aura des hommes sur la terre, cependant l'espoir insensé de détruire ces principes fermente dans plus d'un cœur et armerait au besoin plus d'un bras. Les révolutionnaires poursuivent l'idéal du mal, et avant que de confesser leur impuissance, ils tourneraient leur fureur, s'ils venaient à triompher de nouveau, contre tout ce qu'il y a d'extérieur et de visible dans notre société. Déçus dans leurs rêves de transformation sociale, ils s'acharneraient sur les derniers débris de notre ancienne et glorieuse civilisation, et ne pouvant rien fonder, ils voudraient tout détruire. On se trompe en les croyant tout-puissants; on se tromperait davantage si on ne les croyait pas capables de faire autant et plus de mal que leurs prédécesseurs, et de nous retirer le droit à l'existence comme nation.

D'où leur vient donc cette force terrible? Serait-ce de l'autorité de leurs doctrines? Non, car ces doctrines sont aussi anciennes que le monde, et se résument en quelques grossières erreurs contre l'effet desquelles les lois ont été rendues et les gouvernements établis. Serait-ce de leur nombre? Non, car s'il est vrai que tous ceux qui sont pauvres et malheureux prêtent une oreille amie aux apôtres d'une égalité et d'un bonheur universels, il ne l'est pas moins que le parti qui met aujourd'hui en péril l'avenir de notre patrie se compose d'un petit nombre d'hommes audacieux, poussés au désordre et aux révolutions par l'ambition, par l'envie et, plus que tout, par l'absence d'une autorité assez respectée pour commander non-seulement aux actes extérieurs, mais aux mauvaises passions.

Notre nation est en butte aux outrages d'une poignée de gens sans talents, sans conviction, sans l'ombre de dévouement, exploitant à leur profit l'éternel grief de ceux qui ne possèdent pas, contre ceux qui possèdent, et excitant continuellement à la révolte le pauvre peuple, qui appartient à qui sait et veut le conduire; mais la victoire des minorités n'a jamais lieu que par la faute des majorités. Le petit nombre, quand il triomphe, doit toujours sa victoire aux erreurs et aux fautes du plus grand. Ce qui s'est passé en France depuis deux ans atteste cette vérité, et l'on peut déclarer que la faiblesse, la désunion et l'égoïsme des gens de bien y ont plus contribué au désordre que la témérité des anarchistes. La cause de nos maux est en nous, et nous triompherons aisément de nos adversaires quand nous aurons su triompher de nous-mêmes.

Les gens de bien ont l'habitude de se rendre trop facilement justice, de se croire à l'abri de tout reproche, parce que leurs intentions sont bonnes. S'ils s'appliquaient à mettre leur vie d'accord avec leurs sentiments, bien des maux dont nous souffrons n'existeraient pas ou seraient aisément guéris.

Si générale et si ardente que soit la passion de l'égalité chez un peuple livré pendant plus d'un demi-siècle à l'action des idées démocratiques, jamais l'influence morale et politique des classes riches et éclairées sur les classes pauvres et ignorantes ne pourra y être annulée, parce que ces classes sont unies les unes aux autres par des liens nombreux, des rapports continuels, et que dans ces rapports la supériorité appartient à ceux qui possèdent le plus de lumières. On pourra semer la discorde entre ces classes diverses de la société, les armer, un certain jour, les unes contre les autres, mais non changer les conséquences de leur situation réciproque ; et il n'en restera pas moins certain que le peuple est, en définitive, ce que la classe moyenne veut qu'il soit, et que celle-ci reçoit à son tour l'impulsion des classes supérieures, parce qu'une société se forme de membres, non pas disjoints et accidentellement rapprochés, mais unis les uns aux autres et dans lesquels circulent le même sang et la même vie.

S'en prendre au peuple des vices qu'il étale, des violences qu'il médite ou qu'il commet et des révolutions qu'il exécute, c'est accuser un agent passif qui ne sait qu'obéir à son moteur.

De beaux esprits, amis des nouveautés et de la liberté de penser, se sont mis, il y a un siècle, à attaquer la religion à l'aide d'un scepticisme railleur, ne se doutant pas même que par cet emploi détestable de leurs talents ils ébranlaient jusque dans ses profondeurs une société dont ils aimaient les imperfections et même les abus. Ils ne prétendaient certes pas émanciper l'esprit du peuple, car le plus célèbre d'entre eux ne craint pas de dire : « Il est essentiel qu'il y ait des gueux ignorants. » Cependant l'incrédulité pénétra parmi les *gueux ignorants* et leur ravit leurs biens les plus précieux : la patience et l'espoir. Mais ces hardis penseurs ne songeaient pas à détruire les institutions politiques de leur pays ; car ceux d'entre eux qui, comme Raynal, La Harpe, Marmontel, etc., vécurent assez pour voir l'effet de leurs doctrines, reconnurent leur aveuglement et proclamèrent leur repentir.

Après les philosophes parurent les réformateurs politiques. Des courtisans révoltés, des prélats mondains, des magistrats mécontents, des bourgeois envieux, se prennent du beau désir de reconstruire à neuf la société tout entière, sans tenir aucun compte de ses mœurs, de ses idées, de ses intérêts, assurés que le peuple les suivrait et ne les devancerait pas dans la voie des innovations. Leurs espérances furent cruellement déçues. Ils avaient inoculé à la bourgeoisie l'esprit révolutionnaire ; celle-ci le fit descendre dans les rangs de la multitude, et bientôt la nation française, naguère paisible et heureuse, offrit un spectacle dont le souvenir épouvante encore le monde.

Eclairées par une si dure expérience, frappées dans leurs droits et dans leurs biens les plus précieux, les classes supérieures abandonnèrent leurs funestes illusions, et, guidées par un grand homme, rentrèrent dans les voies de la religion, de la justice et de l'ordre, avec autant d'ardeur qu'elles les avaient désertées. La classe bourgeoise suivit docilement cet exemple. Le peuple résista-t-il à la nouvelle pression exercée sur lui? Non. La gloire militaire lui était offerte comme un aliment pour ses passions; il l'aima comme il avait aimé les constitutions, les révoltes et les massacres; et aujourd'hui les souvenirs glorieux de l'Empire s'unissent, dans son esprit, aux idées anarchiques que la portion corrompue de la classe moyenne y a fait descendre.

Il est inutile d'insister sur cette vérité, ni de s'arrêter plus long-temps à montrer que le mérite du bien et la responsabilité du mal appartiennent, non pas à la multitude, mais à la portion de la société qui, par ses lumières, son expérience et ses richesses, est en possession du droit exclusif de former et de diriger l'opinion. S'il arrive que cette portion de la société voie son influence repoussée, son autorité méconnue, ses intérêts mis en péril, c'est qu'elle sera débordée elle-même par les erreurs qu'elle aura répandues et par les passions qu'elle aura imprudemment allumées.

Les bons citoyens d'aujourd'hui ont été, pour la plupart, les promoteurs ardents des idées les plus dangereuses. Les uns ont applaudi aux progrès de l'impiété, non par amour pour elle, mais parce qu'on était parvenu à leur faire craindre le règne de l'intolérance et du fanatisme religieux; les autres, obéissant à des ressentiments ou à des intérêts aveugles, ont contribué, chacun en son temps, à quelqu'une des révolutions qui ont bouleversé la France depuis plus d'un demi-siècle; ceux-ci regardent faire, appelant sagesse l'insouciance ou l'isolement; ceux-là, et ils formeront toujours le plus grand nombre, ne prenant pas la peine d'étudier les choses ni les hommes, portent leur enthousiasme banal au vainqueur du moment, prêts à l'abandonner si la fortune lui devient contraire. Tous ou presque tous contribuent à dégrader et à anéantir le principe d'autorité, parce que, dans une succession d'événements contraires, chacun, selon le moment, soutient, puis combat le pouvoir. Combien sont-ils ceux qui, la main sur le cœur, peuvent se dire innocents du désordre d'idées qui règne aujourd'hui parmi nous? Beaucoup s'estiment à l'abri de tout reproche qui, s'ils faisaient un retour sévère sur leur vie passée et sur leurs dispositions présentes, trouveraient qu'ils ont apporté et qu'ils apportent souvent encore, à leur insu, un tribut aux erreurs dont ils se croient les adversaires.

Le plus grand obstacle au rétablissement de la paix publique et de l'ordre, ce sont les vieux préjugés, les habitudes et le passé des honnêtes gens, de ces hommes qui aiment leur patrie, souhaitent ardemment sa prospérité et sa grandeur, condamnent les fautes qu'ils ont commises, mais n'ont pas la force de rompre avec les préjugés et les habitudes qui les leur ont fait commettre. Les effets, ils en sont effrayés et indignés, mais la cause est en eux et ils ne l'aperçoivent pas; en sorte que leurs efforts pour rétablir chez cette nation épuisée et mourante le règne du droit, de la justice et surtout du bon sens, sont inefficaces. Que les bons citoyens s'interrogent eux-mêmes, et bientôt ils auront découvert la cause véritable de nos maux.

Une réforme morale, entreprise et conduite avec fermeté, est la condition du salut de la France; la réforme politique viendra ensuite d'elle-même et comme une conséquence naturelle.

Cependant beaucoup d'esprits éclairés et droits, renversant les termes de cette proposition, prétendent qu'une réforme purement politique, telle que serait le rétablissement immédiat des institutions auxquelles la France a dû, en d'autres temps, sa prospérité et sa grandeur, suffirait pour apaiser l'orage et faire rentrer dans tous les cœurs les idées et les sentiments sans lesquels les nations sont ingouvernables. La réforme morale leur paraît devoir être l'effet du retour à des principes politiques qui consacrent, non-seulement l'ordre dans la société, mais la piété, la sagesse et la vertu dans la famille et dans l'individu.

Défions-nous de cet empirisme politique qui croit qu'en changeant la forme du gouvernement d'une nation, on transformera les idées, les mœurs, les préjugés et les passions de cette nation. Un coup de main heureux suffit, dans un pays tel que la France, pour mettre à la place d'un bon gouvernement un mauvais, ou réciproquement; mais tous ces bouleversements accomplis, grâce à l'audace des uns et à la pusillanimité des autres, n'enfanteront rien de durable, si les mœurs, base unique des institutions, ne prêtent pas leur concours à ce qui aura été fait. Cela est vrai pour le bien comme pour le mal. Commencez par ramener les esprits aux idées d'ordre et de stabilité, décidez-les à répudier l'assemblage d'erreurs pernicieuses, qu'on décore du beau nom de progrès moral et politique; profitez, pour les éclairer, des lumières que donne l'épreuve des maux passés et présents, et soyez assurés qu'un peuple qui revient à la vérité, trouve sans peine le gouvernement le plus convenable à son caractère et à ses intérêts, et qu'il sait le conserver.

On allègue, à la vérité, quelques exemples mémorables qui semblent attester que la main puissante d'un grand homme suffit pour arracher un peuple à l'anarchie et pour le ramener de gré ou de force aux idées d'ordre et de respect dont il semblait à jamais détourné. La Providence ne doue-t-elle pas d'une force surhumaine les hommes qu'elle appelle à terminer les révolutions? A la voix de Bonaparte la France, en 1799, après s'être enivrée pendant dix ans de révolutions, embrassa subitement et avec enthousiasme le pouvoir absolu, et releva une à une les institutions religieuses et politiques qu'elle avait renversées. Qui oubliera jamais la merveilleuse époque du Consulat, où tous les hommes d'honneur et de mérite, abjurant leurs anciennes discordes, s'unirent dans la même pensée de rendre à leur patrie les éléments d'une grandeur et d'une prospérité durables? L'histoire n'offre pas de plus beau spectacle que celui de cette grande et noble nation, cherchant au milieu des ruines, avec autant d'ardeur que de prudence, les matériaux nécessaires à la reconstruction de la société et élevant un monument sous lequel nous sommes encore abrités.

Ce qui arriva à cette époque, peut, dit-on, se reproduire de nos jours, car si l'influence personnelle d'un homme tel que Napoléon sur la renaissance de notre pays, au commencement de ce siècle, fut décisive, il n'en est pas moins certain qu'elle serait restée sans effet, si la partie éclairée et dominante de la nation n'eût pas été disposée à la seconder. Les peuples n'ont pas toujours de grands hommes à leur disposition, mais il est rare qu'ils ne trouvent pas, au moment nécessaire, un homme qui serve de représentant et d'organe à leurs pensées et à leurs besoins. Cet homme, ajoute-t-on, nous le rencontrerons : reposons-nous donc sur la Providence et sur lui.

Une telle confiance serait trompeuse. L'état moral et politique de la France ne ressemble guère aujourd'hui à ce qu'il était au commencement de ce siècle, quand Bonaparte s'empara du pouvoir aux applaudissements universels. La France venait de subir la plus épouvantable tyrannie démagogique dont le souvenir puisse souiller les annales de l'histoire ; à cette tyrannie avait succédé, sous le Directoire, l'épreuve misérable et ridicule du gouvernement républicain. Tous les esprits, encore imbus des mœurs et des idées de l'ancien régime, sous lequel ils avaient été formés, éprouvaient les uns le plus complet désenchantement, les autres de l'horreur pour les funestes expériences qui venaient d'être tentées, et la Terreur, accompagnée de la guerre étrangère, avait imprimé au caractère français une énergie qu'il est loin de posséder aujourd'hui. Une impulsion forte refoulait la pensée commune vers les idées et les institutions du passé. Si, au 13 vendémiaire, les sections de Paris avaient triomphé dans leur attaque contre la Convention, l'ancien gouvernement, tel qu'il existait avant l'assemblée des Etats-Généraux, eût été, sans aucun doute, rétabli à l'approbation de tous ceux qui n'avaient pas trempé dans les crimes de la révolution.

Peut-on se flatter que, de nos jours, un mouvement semblable porte jamais le sentiment public vers les institutions du passé? Il n'existe plus de traces parmi nous des anciennes idées et des vieilles mœurs. L'action infatigable et profonde des doctrines révolutionnaires pendant trente-six années, et deux révolutions ont bien autrement corrompu l'esprit de notre nation qu'il ne l'était en 1799, et ceux qui espèrent ou qui annoncent un nouveau 18 brumaire, afin d'en finir avec le désordre en une seule journée, ne savent pas que Napoléon rencontrerait aujourd'hui, dans les mœurs et les habitudes de la nation, mille obstacles qu'il ne connut pas : car au lieu du génie révolutionnaire mourant, il trouverait devant lui le génie révolutionnaire rajeuni par le socialisme.

II.

Les événements qui remplissent notre histoire depuis le commencement de nos désordres politiques, sont quelquefois considérés comme les différents actes d'un drame qui n'est pas encore terminé et qui ne le sera que quand les théories révolutionnaires auront atteint le dernier degré de leur développement. Délivrée enfin d'un principe qui, ayant produit tous ses effets, devra naturellement mourir, la France reviendra pour ne plus les abandonner aux seules idées qui puissent assurer son existence et son bonheur. Nous touchons au terme de cette longue et cruelle expérience, mais elle n'est pas achevée, et il faut nous armer de courage pour traverser la période du dénouement de tant d'aberrations criminelles, période qui doit être marquée par le triomphe inévitable, mais momentané, du socialisme.

La résignation qu'on nous conseille serait la plus aveugle et la plus coupable des faiblesses. Les sociétés sont libres comme les individus ; elles peuvent toujours, avec du courage et de la sagesse, étouffer les germes funestes déposés dans leur sein. Si un principe mauvais et subversif devait nécessairement parcourir les degrés divers de son développement, sans que rien pût l'arrêter dans sa marche fatale, tout peuple auquel un principe de cette sorte aurait été inoculé, serait, par ce fait même, condamné à périr : mais l'histoire, d'accord avec la raison, dit assez combien est fausse une pareille crainte.

La France ne se résignera jamais à subir, ne fût-ce qu'un seul instant, le règne de l'odieuse démagogie, qu'on appelle du nom de socialisme, parce qu'elle ne peut pas ignorer que si elle se mettait en guerre contre toutes les lois divines et humaines, le monde lui répondrait aussi par la guerre et qu'elle succomberait dans une lutte inégale où elle aurait contre elle le droit universel et le nombre.

L'élan formidable qui, en 1792, poussa la nation aux frontières et la fit triompher de l'Europe coalisée, fut l'effet d'un enthousiasme dont la plus faible étincelle n'existe plus dans nos cœurs.

La France est immortelle ! Voyez ses armées, ses flottes, ses forteresses et ses trésors ; comptez les généraux, les orateurs, les hommes d'Etat, les savants qu'elle ne cesse d'enfanter, comme une mère féconde et toujours jeune ; rappelez-vous la gloire de son passé, calculez le poids qu'elle met dans la balance des intérêts de l'humanité, et dites ce que le monde deviendrait, si ce grand régulateur de ses destinées cessait de se mouvoir.

Il faut se tenir en garde contre ce sentiment de sécurité qu'on décore en vain du nom de patriotisme, et qui n'est que vanité et irréflexion. Lorsque le voyageur visite les monuments de l'ancienne Rome, il remarque, dans le Forum, une longue inscription, témoignage de la reconnaissance du sénat envers l'empereur Honorius. Cette inscription commence par les mots : IMPERIO ÆTERNO, et sa date montre qu'elle fut gravée quelques mois avant la prise de Rome par Alaric. Les nations ne vivent qu'à certaines conditions qu'elles doivent remplir, sous peine de succomber. La terre que nous foulons est la poussière de celles qui nous ont précédés. Si, dans la puissante association de peuples qui forme l'Europe, l'un d'eux devenait, pour tous les autres, la cause persistante de désordres, de révolutions et de guerres ; si ce peuple s'établissait comme le foyer permanent d'idées subversives de toute paix et de toute société, et rendait impossible l'objet même de l'association, ce peuple pourrait se proclamer immortel, élever des colonnes et des arcs de triomphe à ses victoires passées et à sa gloire, mais sa confiance ne conjurerait pas les périls dont il serait environné.

Il est des symptômes auxquels on reconnaît qu'une nation, tombée en décadence, touche à son dernier moment : le triomphe du socialisme en serait un, et des plus irrécusables.

S'il ne faut pas espérer que le bien sortira de l'excès du mal, il faut encore moins se faire illusion sur la nature et l'étendue de ce mal, ni voir, dans de courts intervalles de repos et de paix, les signes d'une guérison qui commence.

La facilité avec laquelle nous passons d'une sécurité complète à un désespoir sans limites est un des défauts les plus saillants de notre caractère national. La veille du 24 février 1848, combien d'hommes d'Etat, et des plus renommés, considéraient l'orage soulevé dans la population parisienne comme une agitation passagère, qui, le lendemain, épouvantés, déclaraient la France à jamais perdue! Aveuglement la veille, défaillance le lendemain. Nous jouissons, depuis l'élection du 10 décembre et la réunion de l'Assemblée législative, d'une tranquillité apparente. Malgré de continuelles menaces et des appels réitérés à la révolte, le sang n'a pas coulé, et nous n'avons pas vu l'insurrection promener son hideux drapeau sur nos places publiques. Evidemment, la fidélité de l'armée et l'inflexible résolution de celui qui la commande, ont seules pu contenir les fureurs des ennemis de la société. Les intentions n'ont pas changé, la crainte les comprime. Cependant une trompeuse sécurité est rentrée dans presque tous les esprits, et nous sommes revenus à nos préoccupations habituelles, à nos jeux, à nos frivolités, comme si l'ennemi était vaincu et enchaîné, comme si, en chassant la tristesse de nos imaginations, nous éloignions le danger et changions la réalité des faits.

Cette disposition morale, qui nous porte si rapidement d'une extrémité à l'autre, provient avant tout de la légèreté connue du caractère français; mais elle se rattache également à une autre cause qu'il importe de signaler, car elle peut aider à découvrir le secret de nos dernières révolutions.

La paix, en succédant aux longues guerres de la révolution, a dirigé naturellement l'intelligence et l'activité des peuples de Europe vers les arts de la paix. De là ces découvertes merveilleuses, ces travaux gigantesques, ces applications si variées et si ingénieuses de la science et ces améliorations matérielles dont la condition de l'homme a été et est encore l'objet. La société n'ayant plus d'autre pensée que l'accroissement du bien-être physique de l'individu, est devenue purement matérielle. L'esprit de notre nation s'est courbé sous l'empire de la jouissance, et nous avons vu une révolution s'accomplir, non pas dans l'espoir de réaliser quelque grande pensée de justice, de liberté ou de gloire, mais pour augmenter de quelques sous le salaire des ouvriers dans les manufactures. Cette direction nouvelle donnée aux idées, cette civilisation fondée sur la transformation de plus en plus perfectionnée de la matière, doit inspirer de vives appréhensions sur l'avenir de notre société, quoiqu'elle fasse naître une profonde admiration chez ceux qui n'ont qu'une notion fausse de la destinée de l'homme ; mais on ne peut, en aucun cas, contester qu'un État dont toute l'organisation repose sur le perfectionnement du travail matériel, sur le commerce, le négoce, l'industrie, la spéculation, a plus qu'aucun autre besoin de la paix extérieure et intérieure. Si le bruit des armes fait taire les lois, le bruit des discordes civiles effraie et fait fuir l'industrie et le commerce.

Par une étrange contradiction, en même temps que la France entrait avec élan dans la voie des études et des travaux matériels, elle s'abandonnait, sans scrupule ni crainte, aux excitations des idées les plus incompatibles avec le repos public, de ces idées qui conduisent nécessairement un peuple à de perpétuelles convulsions, et anéantissent, par conséquent, les éléments de son travail et de sa richesse. Une opposition profonde s'est alors établie entre nos mœurs et nos idées. Nos mœurs, conformes à nos véritables intérêts, notre goût des jouissances et du luxe, notre dédain pour ce qui est spéculatif, nous conseillent sans cesse d'accroître notre bonheur matériel par un travail dont la première condition est la paix au dehors et le bon ordre au dedans ; mais nos idées, profondément empreintes de l'esprit révolutionnaire, nous ramènent toujours à des agitations politiques, qui nous font graduellement descendre dans l'échelle des peuples civilisés, et qui, si elles continuent de se reproduire, enlèveront à notre pays non-seulement son rang au milieu des nations laborieuses et riches, mais même son nom.

La France prétend être à la fois industrielle et révolutionnaire. Elle devrait choisir.

Combattue par des impulsions contraires, tantôt calme et paisible, tantôt passionnée jusqu'au délire, il est dans sa vie des moments où on la croirait revenue, et pour toujours, de ses vieilles erreurs et définitivement rentrée dans les voies de la raison. L'opinion publique semble alors indifférente aux théories ou aux rêveries politiques dont elle avait été si longtemps l'esclave. Les institutions sont en apparence acceptées et les lois obéies ; le pouvoir est sans ennemi et l'horizon sans nuage. Mais un jour survient, où le plus futile prétexte suffit, comme l'étincelle qui tombe sur la poudre, pour allumer un subit incendie qui dévore tout ce qui, la veille encore, était l'objet des respects universels.

La révolution de Février sera un perpétuel enseignement pour les pouvoirs disposés à se méprendre sur le vrai caractère de notre nation et à oublier que le fond de ce caractère n'est guère aujourd'hui qu'une flagrante contradiction entre nos intérêts et nos idées : nos intérêts, qui nous commandent de nous arrêter dans la carrière des révolutions; nos idées, qui nous excitent à renverser les gouvernements, non parce qu'ils sont mauvais ou tyranniques, mais parce qu'ils ont duré et que nous en sommes las.

Ce qui dans d'autres pays ou, pour mieux dire, chez tous les autres peuples, serait regardé comme un gage de stabilité pour un gouvernement, devient à son égard une objection grave et bientôt une cause de ruine. Si un pouvoir accueilli à son origine, comme nous accueillons tous les pouvoirs qui naissent, c'est-à-dire avec enthousiasme, prolonge sa durée au delà d'une quinzaine d'années, alors il nous paraît usé, vieilli, insuffisant, bon à renverser, et nous le renversons. Nous nous sommes pénétrés et beaucoup trop, car nous l'appliquons à nos gouvernements et à nos institutions, de ce mot de Tacite : *Quindecim annos, longi ævi spatium.* Cicéron parle de petits moucherons qui voltigent sur les fleuves de l'Inde, et dont la vie ne s'étend guère au delà de quelques heures. Ceux qui meurent au milieu du jour ont eu une longue existence; ceux qui prolongent leur vie jusqu'au coucher du soleil sont parvenus à l'extrême décrépitude. Bientôt nous appliquerons à nos gouvernements cette loi particulière de la nature.

La France possédait, il y a deux années, un pouvoir dont l'origine était fatale, mais qui lui procurait l'ordre, la liberté et une prospérité dont on n'avait pas encore eu d'exemple. La nation jouissait de son bonheur, le comprenait et semblait décidée à ne pas se le laisser ravir, lorsque tout à coup une voix, et quelle voix! fit retentir ces paroles insensées : *La France s'ennuie !* Et la France crut, non pas seulement qu'elle s'ennuyait, mais qu'elle était malheureuse, humiliée, esclave, et qu'elle trouverait bonheur, gloire et vraie liberté dans la République que le poëte lui offrait. Elle sait aujourd'hui ce qu'il en coûte de frapper un gouvernement parce qu'il ennuie et d'en prendre un qui amuse; elle sait qu'un peuple qui fait une révolution pour un motif aussi frivole, qui sacrifie à un mot, à une antithèse, à une plaisanterie son bonheur et sa liberté, ce peuple eût-il un vaste territoire, une immense population, des armées aguerries et le plus glorieux passé, doit être placé au niveau de ces petites républiques de l'ancienne Grèce ou de l'Italie du moyen âge, chez lesquelles un incident futile, un discours, une chanson décidait ce qu'on n'oserait pas appeler une révolution, mais un changement d'autorité à la suite d'une sédition.

Les Français ne se doutent pas la veille de la révolution qu'ils feront le lendemain, et pour prévoir leurs propres déterminations, ils n'ont rien de mieux à faire que de s'en rapporter au jugement des peuples voisins. Les chefs de ces peuples nous étonnent par la sûreté de leurs prédictions à notre égard (1). Il n'y a cependant rien de merveilleux dans ces prédictions. Leurs auteurs nous jugent tels que nous sommes et tels que nous ne savons pas nous voir.

III.

On rejette la responsabilité de ces agitations sans cause, de ces révolutions sans but sur une forme de gouvernement qui donne à la ville de Paris, à ce vaste foyer de passions indomptables, une autorité absolue sur les destinées de la nation. Au temps de la royauté un homme d'esprit disait : « La France est une grande monarchie gouvernée par une République qu'on appelle Paris. » La révolution de Février n'a donc, au fond, rien changé que les mots. On appelle aujourd'hui République ce qu'on appelait autrefois monarchie, quoique ce fût une République.

Quant à la province, ce n'est pas une certaine forme d'administration, une loi, un décret impérial qui l'a placée sous la dépendance de Paris, c'est cette puissance irrésistible qu'on nomme la nature des choses.

Faites, dit-on, de belles théories, de pompeux discours en faveur de la décentralisation et contre l'influence morale et politique de Paris ; proposez d'enlever du sein de cette grande cité le siège du gouvernement, menacez-la même, s'il vous convient, du sort de ces villes opulentes de

(1) Au moment même où la révolution de Février s'accomplissait dans les rues de Paris, M. de Nesselrode, le nestor des diplomates européens, disait, dans une note adressée à lord Palmerston le 12-24 février 1848 : « Si dans la suite la France, non plus celle de Louis-Philippe, mais celle qui lui succédera quand le système de restriction adopté par ce souverain aura cessé de la dominer, écoute les instincts de l'ambition qui tendent à la lancer hors de ses frontières, le gouvernement anglais regrettera trop tard d'avoir affaibli prématurément les moyens de résistance qui auraient pu être opposés à la France. »

l'antiquité dont la fureur d'un conquérant implacable fit en quelques jours un monceau de ruines. Rappelez, tant qu'il vous plaira, Babylone, Ninive, Tarse, Corinthe, etc... Paris n'en restera pas moins ce que la volonté de la Providence l'a fait, c'est-à-dire le cœur de la France, l'élément premier de sa vie et de sa grandeur. N'exagérez pas d'ailleurs l'influence de Paris dans nos dernières révolutions. Cette ville fait des émeutes, et la faiblesse des gouvernements transforme ces émeutes en des révolutions. Si Louis XVI, Charles X et Louis-Philippe eussent résisté avec courage et résolution aux séditions parisiennes, ces séditions seraient-elles devenues des révolutions? Voilà ce que disent, non-seulement les révolutionnaires qui ont intérêt à ce que la France soit sous la main de Paris, et Paris sous la main d'une populace qui obéit à leur impulsion, mais encore un grand nombre d'hommes éclairés et sages, aux yeux desquels la souveraineté de Paris est un fait désormais invincible, auquel les institutions politiques doivent s'approprier, comme le génie de la nation s'y est approprié lui-même. Ils pensent qu'une armée nombreuse et vaillante, d'inexpugnables forteresses et d'abondantes munitions de guerre suffiront pour tenir en respect une population que la faiblesse des gouvernements a pu seule rendre redoutable. Examinons cette opinion.

S'il était permis, quand on traite de matières politiques, d'employer le langage de la science, nous dirions que la force morale des hommes croît, en raison de leur rapprochement, dans une progression géométrique. La puissance d'une grande agglomération d'hommes sur un seul point est donc infiniment plus élevée que la somme des forces individuelles de ceux qui la composent. C'est cette loi qui donne aux capitales une influence souvent absolue sur les destinées des empires. Dans les pays monarchiques ou aristocratiques, un pouvoir vigilant et redouté maintient la population des capitales sous l'obéissance. Mais dans les démocraties où le gouvernement appartient à la multitude, les grandes capitales, livrées sans frein à des agitations continuelles, deviennent pour ces États une cause d'affaiblissement et de ruine.

La domination de Paris sur le reste de la France ne commence à être visible qu'à partir du seizième siècle; elle naquit au sein des troubles enfantés par le protestantisme. L'autorité royale ne fut mise en péril que quand les Guises eurent contraint Henri III à quitter Paris, et Henri IV ne fut véritablement roi qu'après son entrée dans cette ville.

Si Louis XIV transféra le siége de son gouvernement hors de Paris, ce ne fut pas pour se procurer une demeure plus splendide et une vie plus libre. Instruit par Anne d'Autriche et par Mazarin à ne pas oublier la nuit où une fuite précipitée l'avait dérobé aux outrages de la populace en sédition, il avait choisi pour séjour et orné avec une magnificence plus que royale, un lieu d'où il pouvait commander à Paris, sans en avoir rien à craindre. Paris essaya encore, sous son règne, de se révolter ; mais immédiatement châtié, ses magistrats venaient à Versailles implorer, à genoux, la miséricorde du roi.

Louis XIV semblait prévoir les coups que Paris porterait un jour à l'autorité royale et à sa dynastie, et les grands hommes dont la Providence avait pris plaisir à l'entourer, partageaient son éloignement pour une population au sein de laquelle le dérèglement des mœurs et l'esprit d'opposition à l'autorité avaient déjà poussé de profondes racines. Bossuet exprime ce sentiment avec une éloquence impétueuse et applaudit par avance à la ruine de cette cité, lorsqu'il s'écrie dans son admirable sermon *sur la Résurrection dernière :* « O ville utilement renversée ! Paris, dont on ne peut abaisser l'orgueil, dont la vanité se soutient toujours malgré tant de choses qui la devraient réprimer, quand te verrai-je renversée ? Quand est-ce que j'entendrai cette bienheureuse nouvelle : Le règne du péché est renversé de fond en comble ; ses femmes ne s'arment plus contre la pudeur, ses enfants ne soupirent plus après les plaisirs mortels et ne livrent plus en proie leur âme à leurs yeux ; cette impétuosité, cet emportement, ce hennissement des cœurs lascifs est supprimé, etc. »

Lorsque Bossuet formait ce vœu terrible, Paris vivait, comme la France, sous l'empire d'un pouvoir traditionnel et d'institutions que nul ne songeait à détruire. La royauté avec toutes ses conséquences n'inspirait pas seulement la crainte ou le respect, mais une sorte de foi politique qui n'osait ni examiner, ni juger, et la foi religieuse dominait les esprits et dirigeait les mœurs. Dans un tel état de choses, Paris pouvait donner de dangereux exemples, mais non altérer le caractère ni compromettre le sort de la nation. Bientôt et par des causes trop connues pour qu'il soit nécessaire de les rappeler, surgit une école philosophique qui se proposait de rompre les liens qui rattachent l'homme à Dieu, et, comme conséquence, de briser également les liens par lesquels les hommes sont réunis entre eux, afin de former, selon leur caractère et leurs intérêts, des sociétés régulières et heureuses. Un succès immense, et qui sera la honte éternelle de la raison humaine, accueillit et encouragea les efforts de cette secte soi-disant philosophique. Est-il nécessaire de dire qu'elle prit Paris pour le centre de son action ?

Du sein de cette cité sortaient chaque jour des écrits de tout genre qui allaient au loin pervertir les cœurs et propager le mépris de la religion, l'apologie du mensonge et la haine de toute autorité morale ou politique. Paris devint une vaste officine d'incrédulité et de démagogie, et quand vint le moment de traduire les idées en faits, il se mit à la tête du mouvement révolutionnaire, et après avoir détruit l'ancien ordre social, inaugura, sous le nom de société nouvelle, un état politique informe et sujet à de perpétuelles variations, mais dans lequel Paris sut du moins se réserver la domination absolue sur tout le pays.

Cette étrange tyrannie ne manqua pas d'apologistes. Paris communique à la France la vie et le mouvement, maintient l'unité nationale, facilite l'expansion du pouvoir, concentre, pour ensuite les répandre au dehors, plus fécondes et plus pures, les idées nécessaires au progrès des sciences, des lettres, des arts, et assure par l'illustration de ses savants, de ses littérateurs et de ses artistes, la suprématie politique de la France sur la société européenne; Paris, d'ailleurs, n'est pas une simple cité, plus riche, plus peuplée, plus vivante que les autres; cette ville est le point vers lequel convergent tous les hommes doués de quelques qualités supérieures et animés du désir de contribuer à la gloire ou à la richesse de leur patrie. Puisque la population parisienne forme en quelque sorte la représentation élevée du pays tout entier, le pouvoir que la capitale exerce, si grand qu'il soit, n'est-il pas légitime?

Le gouvernement de tout une nation par une cité puissante n'a rien en soi de contraire aux lois fondamentales des sociétés. Rome en offrit le glorieux exemple, et, dans de plus modestes proportions, Venise exerça un pouvoir semblable; mais ces deux villes fameuses avaient adopté le gouvernement aristocratique, c'est-à-dire la forme de gouvernement qui, en accordant le moins d'autorité à la multitude, prévient le mieux les dangers de cette suprématie. Aussi longtemps que le principe aristocratique fut maintenu au sein des institutions de la France, l'influence de Paris ne dégénéra pas en tyrannie, et les provinces purent défendre contre elle leurs droits et leurs priviléges; mais quand après avoir effacé de nos institutions jusqu'aux derniers vestiges de l'esprit aristocratique, nous avons fondé l'égalité politique la plus large et attribué à la foule une autorité de fait qui est bientôt devenue une autorité de droit, l'influence de Paris s'est développée avec une rapidité prodigieuse, et les deux dernières révolutions attestent que cette ville, au sein de laquelle les travaux de trente années de paix ont fait affluer de tous les points de la France une population ouvrière, ardente, belliqueuse et toujours mécontente de son sort, que le moindre souffle suffit pour agiter, et que les plus énergiques moyens peuvent à peine contenir, ces événements attestent que cette ville, qui prétend gouverner la France, ne peut pas se gouverner elle-même. On décore un tel état politique du nom de progrès, de civilisation avancée, de perfectionnement humanitaire, c'est tout simplement du désordre et de l'anarchie.

Il est nécessaire et urgent de chercher les obstacles qui peuvent, avec quelques chances de succès, être opposés à la tyrannie parisienne, car la France n'entend plus la subir. Mais sur ce point les honnêtes gens sont, comme sur tant d'autres, incertains et divisés. Ils reconnaissent le péril et son imminence, car comment ne les pas voir? S'agit-il d'y apporter un remède efficace, nul ne veut faire le sacrifice de son système ou de ses habitudes, et le mal comprimé momentanément par une force physique menace de reprendre avec plus de violence son cours quand cette force se sera usée.

Les uns, tout en condamnant l'assujétissement d'une grande nation à une seule ville, regardent ce fait comme le résultat de causes anciennes et nombreuses, contre lesquelles il serait inutile de vouloir lutter, et dont un gouvernement vigilant et énergique saura toujours éloigner les dangers ; les autres croient qu'il est facile de restreindre la domination de Paris sur les départements, en restituant à ceux-ci les libertés municipales qui leur furent ravies, quand la pensée de concentrer dans cette ville tous les moyens de gouvernement s'est emparée de l'esprit du législateur; il en est enfin qui, éblouis par la magnificence de Paris, par le mouvement d'idées qui y règne et par les chefs-d'œuvre que l'esprit ou la main de l'homme y font naître, éprouvent à son aspect rien autre chose qu'un sentiment d'orgueil national, rejetant sur des causes générales la responsabilité des révolutions accomplies dans Paris. Le vrai et le faux se trouvent en quantités égales dans ces diverses opinions.

Il n'y a pas, nous devons le reconnaître, de moyen de faire cesser immédiatement les conséquences d'une cause multiple et si ancienne, auxquelles les mœurs de la nation se sont assujéties. Rendre, par un décret, aux départements de précieuses libertés municipales, serait-ce y rétablir les idées, les mœurs et les intérêts qui seuls peuvent faire grandir et prospérer des libertés de ce genre? Dans un temps où personne ne croit plus à la loi, on propose de tout faire par la loi, même de raviver les vieilles coutumes municipales, ces mœurs locales qui exigent et obtiennent de chaque citoyen le sacrifice de ses goûts, de son temps, de ses intérêts, aux intérêts de la communauté dont il fait partie et l'accoutument à voir dans cette communauté une seconde patrie.

Un décret qui demain rétablirait les provinces avec leurs priviléges et donnerait aux communes une liberté dont elles ne jouissaient pas, quoi qu'on dise, sous l'ancien régime, ne porterait aucune atteinte à la domination de Paris sur la province. Les mœurs locales telles qu'elles sont aujourd'hui ne sauraient profiter de ces bienfaits irréfléchis, et Paris ne déposerait pas le sceptre. Mais ce qui ne peut se faire tout à coup, et à l'aide de l'instrument qu'on appelle la loi, peut s'exécuter graduellement et selon l'esprit du temps. Il n'est pas douteux que l'esprit départemental, s'il se développe avec maturité et force, sera un obstacle puissant à la domination déréglée de Paris. Il faut que cet esprit pénètre les mœurs avant de dicter des lois. Au lieu de rédiger des projets de *décentralisation*, qui sont autant d'utopies, sans rapport avec l'état moral, politique et matériel du pays, pas plus qu'avec une législation où sont renfermés les seuls principes de gouvernement qui nous soient restés, ayons le courage de changer nos habitudes, d'approprier nos mœurs à l'esprit départemental, cessons de faire converger vers la capitale nos idées, nos intérêts, nos désirs ambitieux, notre vie tout entière, et alors nous verrons décroître d'elle-même cette puissance qui braverait nos lois, comme elle brave nos plaintes.

Lorsque cette réforme, dont chacun comprend la nécessité, mais que si peu de personnes sont disposées à s'appliquer à elles-mêmes, sera réalisée ; quand l'esprit public, concentré en ce moment sur un seul point, commencera à vivifier les départements, alors à la suite de quelqu'une des révolutions auxquelles nous sommes encore destinés, il ne restera plus qu'à saisir l'occasion favorable d'enlever à Paris son principal élément de domination, et ce grand changement s'opérera sans résistance ni déchirement, parce qu'il aura été préparé par les mœurs, et qu'il ne sera que l'application d'une pensée mûrie en commun. Songer à l'exécuter aujourd'hui ou demain, lorsque tant de bons esprits doutent, que d'autres résistent, et que nul ne pourrait dire à qui serait transmis le pouvoir enlevé à Paris, ce serait faire preuve d'imprudence et compromettre le succès futur d'une entreprise dont les difficultés égalent l'importance.

IV.

Attribuer nos dernières révolutions à l'esprit séditieux de la populace parisienne, c'est attacher, selon la coutume des esprits superficiels, les plus grands événements à des causes secondaires. On entend souvent répéter que si la branche aînée des Bourbons fut précipitée du trône en 1830, cette catastrophe doit être attribuée à l'inhabileté du chef militaire auquel appartenait le soin de réprimer la révolte des Parisiens; et que, si la branche cadette a éprouvé, en 1848, un sort pareil, c'est que Louis-Philippe troublé, éperdu, ne sut pas se servir des puissants moyens de défense qui étaient à sa disposition. Voilà ce que pensent et disent des hommes qui ne manquent assurément ni de bon sens ni d'autorité.

Cette erreur est pleine de dangers, car elle induit à penser qu'il est facile de conjurer les révolutions, en se tenant mieux en garde contre des fautes qui ne sont que des causes secondaires; et comme les causes premières continueraient d'agir sans rencontrer d'obstacles, les révolutions n'en éclateraient pas moins avec leur périodicité accoutumée.

La Restauration a été renversée, non parce que, dans les journées de juillet 1830, le duc de Raguse prit de mauvaises dispositions militaires, mais parce que les ennemis de ce gouvernement avaient suscité contre lui un flot de calomnies, de préventions, de haines, et qu'il devait nécessairement succomber sous l'effort commun de tant de passions coalisées. Le roi Charles X ne s'y était pas trompé, et longtemps avant son abdication, il disait à l'un de ses anciens ministres : « Les Français ne veulent ni de Dieu ni de nous. »

Le roi Louis-Philippe n'avait été porté au trône et ne pouvait s'y maintenir que par la faveur populaire. Du moment qu'il était à son tour tombé dans l'impopularité, et que ceux qui lui avaient offert la couronne songeaient à la lui reprendre, son pouvoir n'avait plus de raison d'exister et le moindre choc devait le faire évanouir. Louis-Philippe le comprit et ne chercha même pas à se défendre.

Si le duc de Raguse eût été vainqueur dans Paris, en 1830, et le duc d'Isly en 1848, la Restauration et le gouvernement de Juillet auraient péri différemment, mais n'en auraient pas moins péri; parce que, en France, l'opinion publique, soumise à l'action destructive et continue de la tribune et de la presse, abandonne et désarme les pouvoirs qu'elle a accueillis et soutenus pendant un temps avec le plus de faveur. Alors survient un accident qui détermine la ruine de ces pouvoirs. Regarder cet accident comme la cause de la révolution qui l'a suivi, est véritablement puéril. On se complaît cependant dans cette méprise, parce qu'elle sert à rejeter la responsabilité des catastrophes dont on souffre, sur le hasard ou sur les fautes d'un seul. Il serait plus juste de la faire peser sur tout le monde, car si un seul a amené le dénouement, tous l'ont préparé.

V.

Nous venons de montrer, en rappelant quelques-unes des erreurs et des fautes commises le plus habituellement par les gens de bien, par les bons citoyens, par ceux qui ont toujours servi leur patrie avec amour et désintéressement, que l'état dans lequel la France, après tant d'espérances déçues, de tentatives avortées, de défis jetés à la raison, se trouve plongée, ne doit pas être uniquement attribué aux hommes qui, à chaque époque, ont accepté ou réclamé l'honneur de quelque attentat commis contre le repos et le bonheur de la nation. Les artisans de troubles agissent publiquement et sans dissimuler leurs desseins, car la presse, avec ses mille voix, est leur arme habituelle ; comment donc les honnêtes gens ont-ils pu si souvent coopérer à des révolutions qu'ils ne souhaitaient pas, et apporter à leurs ennemis un secours sans lequel ceux-ci n'auraient jamais triomphé? Les révolutionnaires posséderaient-ils le privilége du bon sens et de la sagacité? Non, les honnêtes gens ont été séduits, trompés, entraînés, mais par eux-mêmes; par leurs idées, qu'ils laissent errer sans direction et sans guide; par leurs mœurs, à l'affaiblissement desquelles ils n'ont su opposer aucun obstacle. Nos révolutions ont commencé par les idées, elles continuent par les mœurs, et celles-ci, en se corrigeant profondément, pourront seules en arrêter le cours.

Il serait ridicule de célébrer et de regretter les mœurs du temps passé. Ces mœurs étaient, sur plus d'un point, faibles et relâchées, mais elles avaient au moins, sous le rapport politique, l'avantage de se trouver en accord avec le principe du gouvernement. Les philosophes, ces pères de l'église révolutionnaire, étaient des démagogues par l'esprit et des monarchistes par les mœurs. Tous ceux qui ont vu naître et se développer la révolution, l'ont reniée et maudite, comme nous l'avons dit, quoiqu'ils en fussent les auteurs. Combien de gens ressemblent, de nos jours, à ces inconséquents novateurs ! Combien rendent les révolutions nécessaires, inévitables, qui cependant les détestent !

Les mœurs de famille sont, à tout prendre, meilleures qu'elles ne l'étaient dans le siècle dernier, du moins en ce qui regarde les classes riches et aisées de la société. Les liens du mariage et de la paternité sont plus respectés et plus solides, et si le sentiment de l'honneur, qui rendait autrefois la parole sacrée et les contrats inutiles, s'est sensiblement affaibli, du moins la loi, mieux appliquée, inspire plus de crainte. Le nombre des infractions n'est pas, toute proportion gardée, plus élevé ; si le contraire semble exister, il faut attribuer cette apparence trompeuse à la publicité, dont la lumière pénètre jusque dans les recoins les plus obscurs de la société.

Mais au sein de cette famille, dont l'extérieur est plus sévère et plus moral, règnent des passions dangereuses qui tourmentent le père comme le fils, la mère comme la fille, et les poussent à détester leur position sociale, si heureuse qu'elle soit, pour en désirer une plus haute et plus brillante. Les heureux du siècle sont mécontents de leur sort. S'ils sont riches, ils appellent à grands cris l'opulence par vanité ; s'ils sont opulents, ils veulent que l'opulence leur serve de marchepied à la grandeur politique, qui est pour eux le complément de la part trop belle que la Providence leur a faite dans la destinée commune, comme si le noble et généreux emploi d'une grande fortune n'offrait pas à l'activité d'un cœur élevé d'inépuisables jouissances.

L'ambition est aujourd'hui le génie domestique qui préside aux destinées de chaque famille, et tel est le désordre des idées qu'un père, sans ambition pour lui-même, se croit obligé d'en avoir pour son fils, et de tout sacrifier afin de l'élever à une position supérieure à celle où il a trouvé lui-même la paix et le bonheur. Ce père de famille se regarde comme sans reproche, et cependant il est un pur révolutionnaire, car il contribue, autant qu'il le peut, à étendre au sein de la société l'envie, cette dernière et désormais unique cause de nos révolutions.

VI.

La famille n'étant plus régie par les idées de modération et d'ordre qui auraient pu assurer sa prospérité, et cherchant son bonheur en dehors d'elle-même, ouvre ses rangs aux passions politiques et remplace le culte de la patrie par l'infatuation de quelqu'une de ces idées ou de quelqu'un de ces hommes qui séduisent et entraînent tout à coup, mais pour un temps très-court, l'opinion publique. L'unique alimentation intellectuelle du plus grand nombre des familles aisées, est la lecture des journaux, car, ainsi qu'on l'a dit avec trop de vérité, la lecture du journal a remplacé la prière du matin. Calculez l'effet que doit produire sur une foule de gens peu éclairés, mécontents ou médiocrement satisfaits de leur sort et sans principes arrêtés sur rien, cette excitation journalière à la discussion ou au mépris de toute autorité régulière; calculez l'énorme monceau d'erreurs que le meilleur des journaux a dû débiter, en une année, parmi les hommes qui ont reçu de l'éducation, mais qui n'en ont pas assez reçu ni assez profité pour pouvoir résister à la pression prolongée de l'erreur et de la passion. Le pouvoir despotique et irresponsable exercé sur nos destinées par la presse est l'œuvre des classes supérieures de la société, de celles qui ont le plus à en souffrir et qui, aujourd'hui, luttent le plus ardemment contre cette influence irrésistible, car le peuple lit les journaux, mais il n'en fait pas.

Des efforts tardifs n'ont encore rien produit et il est douteux qu'ils produisent quelque chose, parce que la puissance de la presse, combattue par la raison et l'intérêt, est soutenue par les mœurs. Parmi ceux qui réclament la répression de ses égarements, il n'en est pas un qui n'ait, à une époque, applaudi ou participé à ses excès. Les partis politiques sont tour à tour obséquieux et méprisants pour elle. Que lui importe? Elle ne manquera jamais de chauds partisans, d'ardents défenseurs, car chacun vient à son tour invoquer son appui et lui payer un tribut, sauf à la renier ensuite, mais elle n'en grandit pas moins.

L'histoire de la liberté de la presse, depuis 1814, époque de la renaissance de cette liberté, jusqu'en 1848, époque de l'apogée de sa domination, serait intéressante et instructive. Lorsque le gouvernement représentatif fut fondé en France, la pensée de donner aux journaux une liberté quelconque n'entra dans l'esprit de personne, et les livres eux-mêmes ne furent dispensés de la censure préalable que quand ils atteignaient une respectable grosseur. Voilà le point de départ. Maintenant, si l'on suit attentivement cette liberté dans ses lents et tortueux développements, on la verra appeler à son secours les intérêts blessés, les haines politiques, les préjugés nationaux, les passions populaires et distendre peu à peu les liens qui l'enséraient. Victorieuse de la censure, elle supporte encore le joug de lois préventives pleines de rigueur : mais s'armant de patience, elle parvient à user ces lois, comme la lime ronge le fer, et enfin sa domination se trouve placée sous l'égide de lois répressives, c'est-à-dire de peines purement comminatoires dont elle se rit, car elle sait que par la multitude de ses délits et leur gravité toujours croissante, elle découragera la vigilance et l'énergie des magistrats.

La sévérité de la justice ordinaire l'inquiète, elle parvient à se faire attribuer la juridiction particulière du jury, car elle sait que dans un pays où le citoyen ne s'identifie pas à la chose publique et sépare ses intérêts de ceux de l'Etat, le jury n'est rien autre chose qu'une garantie offerte à l'impunité des coupables. Le jury est-il contraint, par l'évidence du délit, de la frapper ; elle accepte avec joie une condamnation qu'elle transformera en un élément de popularité et de vogue.

Rien n'égale l'habileté et la persévérance qu'elle déploya pendant cette période de trente années, qui la vit passer de l'état le plus timide et le plus humble au gouvernement absolu de la société. Le pouvoir, objet de toutes ses antipathies, prenait-il de la force, de la solidité, elle reculait prudemment, pour regagner plus tard, en peu de moments, tout le terrain qu'elle avait cédé ; une loi sévère lui était-elle infligée, elle l'acceptait avec résignation, mais pour la décrier jour par jour avec la persévérance de la goutte d'eau qui en tombant à chaque minute sur la plus dure pierre, finit par la percer ; une révolution venait-elle à éclater, elle en réclamait l'honneur, non sans raison, et se redressant, stipulait avec hauteur le prix de la victoire. Tour à tour timide et audacieuse, patiente et indomptable, jamais un triomphe ne l'a satisfaite, ni un revers ne l'a découragée. On peut sans exagération la comparer au Génie du mal avec sa ruse, son audace et son incommensurable orgueil.

VII.

On parle de la bonne presse qui guérit, ou peut guérir, les blessures faites par la mauvaise. Citez un gouvernement, une constitution que la presse honnête ait empêché de renverser, et alors nous croirons à son pouvoir.

Bien aveugle serait le législateur qui se flatterait de retenir, à l'aide d'une loi nouvelle, plus prévoyante et plus sévère que les précédentes, le torrent qui coule depuis si longtemps, sans qu'aucune digue ait pu l'arrêter, et qui puise des forces nouvelles dans les obstacles qu'on lui oppose. Mais il ne sera pas interdit de signaler une grave erreur commise par tous les pouvoirs, au sujet de la législation sur la presse périodique, car tous, sans exception, après s'être servis de cet instrument, en ont compris les dangers et ont cherché à le briser.

Un livre et un journal, quoiqu'imprimés par une même machine, qu'on appelle une *presse*, sont deux produits de l'intelligence absolument différents et que les lois n'ont pu assimiler l'un à l'autre, qu'au mépris de la raison et de l'évidence. Que les journalistes aient soutenu, de toutes leurs forces, la justesse de cette assimilation, on le comprend ; que le législateur ait consenti à l'admettre, voilà ce qui est inexcusable.

L'historien, le savant, le publiciste, le littérateur qui, dans le calme et la méditation du cabinet, compose lentement et avec amour un livre, fruit de longues études, de soins assidus, et qu'une critique amie vient corriger, peut demander à le publier librement et sous sa responsabilité ; car ce livre s'adresse à quelques-uns et non à tous, et celui qui l'a écrit offre à la société des garanties de savoir et d'honnêteté auxquelles il est permis d'accorder une certaine valeur. La liberté de la presse, appliquée à ce genre de productions, présentera sans doute des inconvénients et des dangers : l'*Encyclopédie* n'était pas un journal et Voltaire ne fut pas un journaliste. Cependant la raison publique et de sages lois sauront triompher de ces dangers, et ainsi limitée, la liberté de la presse ne rendrait pas toute société régulière et tout gouvernement impossibles. Lorsque la découverte de l'imprimerie vint ouvrir au monde un avenir nouveau, ses plus enthousiastes propagateurs, ceux qui comprenaient le mieux les conséquences de cette merveilleuse industrie, ne rêvèrent assurément pas pour elle une autre application. Voici cependant ce qui est arrivé :

Des hommes partageant la même opinion politique, s'associent entre eux, non pas pour composer et mettre au jour quelque grand ouvrage scientifique, littéraire ou politique, mais pour publier chaque matin une feuille, où les actes de l'autorité, à tous ses degrés, seront attaqués ou défendus avec passion, selon l'intérêt ou l'opinion de ceux qui l'écriront. Cette feuille sera aussitôt répandue dans tous les lieux publics, pénétrera dans l'intérieur de toutes les familles, et les agents de l'autorité la transporteront, à l'aide de moyens perfectionnés, du lieu où elle aura été imprimée aux points les plus éloignés du territoire. Nulle porte ne sera fermée devant elle, et on la trouvera aussi bien sur la table du plus sale cabaret, que sous les lambris du plus somptueux château.

Lire soi-même ou écouter parler un autre, sont deux moyens de percevoir les idées conçues par autrui, distincts quant à la forme, semblables quant au résultat. On peut donc comparer cette feuille à des milliers de voix qui propageraient, chaque jour, en une multitude de lieux différents, des idées quelquefois bonnes et honnêtes, le plus souvent séditieuses et immorales. Telle est cette puissance nouvelle appelée le *journalisme,* devant laquelle toutes les puissances de la terre doivent s'incliner, si elles veulent essayer de prolonger leur existence.

Ce formidable pouvoir s'est établi au mépris du principe, admis par toutes les législations, que la liberté de parler à la foule assemblée, et d'exciter par conséquent aussi bien ses mauvais que ses bons penchants, ne peut être accordée qu'à ceux qui ont d'avance rassuré la société en lui donnant des garanties nombreuses et efficaces de modération, de sagesse et de science. La société permet au ministre de la religion de monter en chaire et d'y parler sur les choses sacrées avec une liberté entière, mais elle sait que cet orateur, voué à la vertu par des liens indissolubles, a été préparé dès sa jeunesse, par les soins les plus tendres et les plus éclairés, à remplir ce pieux devoir ; elle ouvre une tribune où les grands intérêts politiques sont débattus en présence de la nation attentive, mais nul ne peut y monter si, dans un scrutin solennel, il n'en a été déclaré digne par l'universalité de ses concitoyens ; la science est expliquée dans des chaires, autour desquelles se presse une jeunesse avide de savoir, mais ici encore la société a pris ses sûretés, car l'honneur de parler publiquement, au nom de la science, n'est décerné que par ceux qui ont vieilli eux-mêmes dans l'enseignement. Toujours vous voyez à côté du droit reconnu, des conditions nombreuses et sévères imposées à ceux qui veulent en user, parce que ce droit est d'une nature telle que la société ne saurait en tolérer l'abus.

Comment donc le législateur peut-il se montrer plein d'une si grande confiance, à l'égard des prédications quotidiennes du journalisme, qu'il n'ose pas demander la plus simple garantie personnelle d'éducation, de sagesse, de savoir, de fortune, d'honnêteté même, à ceux qui entreprennent d'enseigner au peuple ce qu'il doit aimer ou détester, croire ou nier, faire ou ne pas faire, et que quelques lois pénales, véritablement dérisoires, lui paraissent un rempart suffisant pour les intérêts moraux et politiques de la société ?

Le ministère public peut, au nom de la morale, former opposition à l'ouverture d'une école par un homme que certaines condamnations judiciaires auraient frappé; mais cet homme a le droit
de publier un journal, c'est-à-dire de se faire l'instituteur politique
de ses concitoyens, de prêcher toutes les doctrines qui lui passeront
par le cerveau et d'attaquer le pouvoir établi, les meilleures
institutions, les plus saintes lois, et, chose vraiment incroyable,
cette faculté exorbitante est placée au rang de ce qu'on appelle
les droits constitutionnels, ou, en d'autres termes, les conditions
de l'existence même de la société. On répond que le journaliste
s'adresse à des hommes faits et non à des enfants, comme si, en
matière politique et même sur leurs propres intérêts, la plupart des
hommes faits n'étaient pas trop souvent de vieux enfants. Il y a là
une confusion d'idées que l'incurie des bons citoyens a laissé naître,
que l'instinct assuré des révolutionnaires a accréditée et que le temps
semble avoir rendue inviolable.

Dans une société où la raison n'aurait pas perdu son empire, la
faculté de parler chaque jour au peuple de ses droits, et de censurer
les actes du pouvoir, du pouvoir sans lequel cette société n'existerait
pas, devrait être considérée, non comme une liberté appartenant au
premier venu, non comme l'apanage d'une profession qu'on embrasse pour faire fortune ou se créer un nom, dût-on, afin d'y
parvenir, bouleverser le monde, mais comme une sorte de sacerdoce
politique, dont les meilleurs et les plus dignes citoyens devraient
être seuls revêtus.

Nous n'en sommes pas là assurément, et cette opinion sera sans
doute rejetée au nombre des rêveries sans application, qu'enfante
l'inexpérience ou l'amour d'un bien imaginaire. Nous demanderons
cependant si avec le journalisme, constitué ainsi qu'il l'est de nos
jours, un gouvernement durable est possible, et si, sans gouvernement, une nation peut vivre longtemps.

Il faut, dit-on, que les gouvernements s'accommodent de la liberté
illimitée de la presse, ou qu'ils périssent. Jamais la puissance et
l'orgueil du journalisme ne s'étaient aussi clairement révélés, que
dans cette déclaration, dont le sens est, qu'il faut que les gouvernements s'accommodent de ce qui les rend impossibles.

Des hommes qui n'ont rien de commun avec le parti révolutionnaire, mais dont l'esprit et les mœurs ont adopté les idées nouvelles,
sans trop distinguer le bien du mal, l'erreur du mensonge, voient
dans l'indépendance et dans l'irresponsabilité du journalisme, les
conséquences inévitables de la société actuelle. Contre de tels abus,

ne reste-t-il pas toujours l'état de siége, dernier mot de notre amour du progrès et de la liberté ?

La licence de la presse a autant contribué que les révolutions qu'elle a préparées et provoquées, à amoindrir les caractères, à énerver les convictions et à corrompre les mœurs. Le nombre de ceux qui savent lire un journal et y choisir ce qui leur convient, en repoussant le surplus, est faible ; la plupart laissent usurper à ce conseiller quotidien un empire absolu sur leurs idées, et s'accoutument à penser comme lui et avec lui ; la liberté et la spontanéité du jugement s'éteignent en eux, pour faire place à une servilité d'esprit, qui ne leur permet de se former sur quoi que ce soit une opinion, avant d'avoir ouvert et lu leur journal. D'autres, se croyant libres quand ils ne le sont plus, se flattent de reconquérir leur indépendance, quand ils ne font que passer d'un joug sous un autre.

Si du moins cette autorité était le prix, non du génie ou d'une science profonde, mais d'une conscience éclairée et honnête, on pourrait l'accepter sans humiliation et chercher à en tirer profit ; mais n'est-il pas permis de dire, en accusant moins encore les hommes que l'institution, qu'un journal, rédigé sous l'impression des circonstances et avec précipitation, où la polémique et la passion tiennent plus de place que l'étude et la méditation, et où les écrivains, craignant avant tout de fatiguer l'attention de leurs mobiles lecteurs, ont recours, pour les attirer et les retenir, à des séductions inventées par le charlatanisme souvent le plus éhonté, qu'un journal, disons-nous, quelles que soient les intentions de ceux qui le publient, doit avoir pour résultat d'abaisser la liberté morale et l'intelligence de ceux qui le lisent assidûment. Un des écrivains qui ont le mieux jugé la révolution de 1789 à ses débuts, appréciait les effets du journalisme quand il disait : « Il faut plutôt, pour opérer une révolution, une certaine masse de bêtise, d'une part, qu'une certaine dose de lumières, de l'autre. »

Des révolutions périodiques et les déréglements du journalisme sont les deux causes qui ont le plus contribué à altérer le caractère français, en lui ravissant ses qualités et en poussant à l'extrême ses défauts. Les Français sont un peuple nouveau, qui, après avoir renié tout ce qui avait fait l'honneur de son passé, cherche vainement à mettre en harmonie ses idées et ses mœurs. Ce qu'on regarde comme un travail intérieur de transformation n'est qu'un amalgame confus de principes opposés les uns aux autres et faux. Il serait surprenant qu'il en sortît autre chose que le désordre en morale comme en politique.

VIII.

Lorsque nos pères firent le premier pas dans la carrière des révolutions, ils étaient transportés d'un enthousiasme qui jamais ne pénétra aussi profondément l'esprit d'une nation. Ils rêvaient la réforme complète et pacifique des abus, la réalisation du bonheur commun, l'établissement d'un ordre social où régneraient, avec la liberté bienfaisante, la vertu, la justice et une inaltérable paix. Rien ne semblait devoir les arrêter dans le mouvement qui les entraînait vers des régions où ils croyaient, de bonne foi, trouver une félicité inconnue jusque là au genre humain ; et les voix qui, en leur signalant d'innombrables écueils, leur criaient de prendre garde et de modérer leur marche, n'étaient pour eux que les tristes et débiles organes des intérêts du vieux monde, et ils ne daignaient pas leur prêter l'oreille. Ces merveilleuses espérances furent successivement déçues, et il leur fallut peu de jours pour connaître ce qu'il y avait de faux et de trompeur dans les théories qui les avaient si aisément séduits ; mais la plus cruelle des expériences ne put glacer leur enthousiasme, et ils saisirent la gloire militaire comme un but nouveau offert à leur insatiable amour des grandes choses.

Aujourd'hui, où est l'enthousiasme? Qui en conserve au fond de son cœur la plus légère étincelle? Qui rêve un monde nouveau, fondé sur la félicité publique, sur la grandeur et la gloire de la patrie? Ceux qui ont le plus souvent ces mots sur les lèvres, poursuivent, les uns la renommée, les autres la fortune, et nous en sommes réduits à admirer les premiers.

Les socialistes s'annoncent, il est vrai, comme les organisateurs d'une société nouvelle ; mais entre tous les systèmes, si opposés les uns aux autres, que leurs chefs ont empruntés à l'étranger et qu'ils présentent comme le fruit de leurs propres méditations, en est-il un seul qui enfante, chez ceux qui le soutiennent, assez de conviction, assez de foi, pour les conduire au sacrifice, non pas de leur vie, mais du plus mince de leurs intérêts? En est-il un seul qui soit, pour ses prôneurs, autre chose qu'un moyen d'influence et de popularité? A la facilité avec laquelle ces systèmes sont modifiés et abandonnés, on peut juger le degré d'enthousiasme qu'ils inspirent à leurs adeptes. De récentes confidences adressées au public lui apprennent que le fanatisme de plus d'un sectaire républicain a été s'éteindre tout simplement dans les bureaux de la police.

Les changements continuels de doctrines et de gouvernements, la promptitude avec laquelle les personnages les plus célèbres accommodent leurs idées à des situations opposées, sans souci de ce qu'ils ont pensé, dit ou fait précédemment, répandent dans tous les rangs de la société un scepticisme politique que dissimulent mal les apparences d'une persuasion momentanée. Ce scepticisme dégénère souvent en une froide indifférence qui se décore du nom de sagesse ou de prudence et accoutume le citoyen à ne prendre intérêt qu'aux événements dont l'influence sur sa fortune est directe et visible. Ne lui demandez pas de démêler dans un orage qui se forme à l'horizon le coup de foudre dont le retentissement viendra ébranler ou détruire le fragile édifice élevé par ses efforts et par son économie. L'indifférence lui a retiré le jugement, et lorsque le moment du péril sera venu, il ne montrera pas plus de fermeté et de courage pour résister, qu'il n'a montré de sagacité pour prévoir ; il laissera la place libre aux instigateurs de révolutions, qui tomberont à leur tour dans l'indifférence quand ils seront arrivés au pouvoir et aux honneurs.

La vie d'un homme politique se partage en trois époques très-distinctes : révolutionnaire dans sa jeunesse, conservateur dans l'âge mûr, indifférent dans la vieillesse. Beaucoup entrent dans la période de l'indifférence dès l'âge mûr.

Lorsque le cœur d'une nation ne bat plus aux grandes idées, aux généreux desseins ; lorsque le mot de *patriotisme* n'y est plus destiné qu'à dissimuler l'égoïsme et l'ambition, et que la source des nobles sentiments, du dévouement, du sacrifice, y est à peu près tarie, comment ce pays produirait-il un de ces hommes supérieurs, qui tendent un bras secourable à leurs concitoyens, aux prises avec le désordre et l'anarchie ?

Royer-Collard s'écriait un jour : « Nous sommes tous ici, MM. les ministres et nous, des hommes médiocres. » Ce mot est bien plus applicable encore au temps présent. Un certain niveau de médiocrité pèse sur la société, et nul ne le dépasse d'une manière sensible. L'esprit abonde, la vraie grandeur n'existe nulle part, et la société, livrée à ses alarmes, cherche en vain à qui confier ses destinées. On a dit qu'il suffisait de remuer le sol de la France pour en faire jaillir des hommes supérieurs propres à diriger son gouvernement, à commander ses armées, à rédiger ses lois et à assurer sa prospérité. Il en fut ainsi lors de notre première révolution : cette crise mémorable doubla, sous le rapport moral, les forces génératrices de la France ; placée au milieu des circonstances les plus critiques et les plus imprévues, elle rencontra, à chaque époque, un homme ou des hommes, représentants éminents et vrais de ses vœux et de ses besoins à cette époque. Les hommes supérieurs ne lui firent certes pas défaut, et l'on peut même dire que leur nombre et leurs rivalités ne furent pas étrangers à ses malheurs.

La France trouva pour réduire au silence et dompter les passions révolutionnaires, et pour rétablir dans son sein un gouvernement régulier et fort, un des plus puissants génies qui aient paru sur la scène du monde. A l'appel de ce grand homme, une foule d'esprits éminents, de vaillants guerriers, d'hommes d'Etat consommés, vinrent se grouper autour de lui pour l'aider dans sa glorieuse et difficile entreprise.

La Restauration avait pour mission de ramener la France aux idées de paix et de liberté sage, et de développer dans son sein les germes longtemps comprimés de la richesse publique ; on ne peut donc pas être surpris si, les nécessités du gouvernement constitutionnel ne firent, sous ce régime, naître que des orateurs habiles et de sages administrateurs.

Produite par une nouvelle fermentation de l'esprit démocratique, la révolution de Juillet rouvrit l'ère des bouleversements politiques. Le sort de la France fut mis quelques instants en péril. Mais des citoyens, doués de patriotisme et de courage autant que d'éloquence, se présentèrent aussitôt pour faire reculer le génie des ruines, et assurèrent à leur pays dix-huit années de liberté et de paix.

La surprise de Février, appelée improprement une *révolution*, plongea notre pays dans la stupeur ; mais comme elle l'effraya sans l'exalter, sans lui inspirer ni foi ni enthousiasme, elle n'a fait et ne fera naître aucun homme supérieur, destiné soit à la comprimer, soit à la conduire à des destinées nouvelles et meilleures. Ses seuls enfants légitimes sont quelques figures ignobles ou burlesques, véritable type du révolutionnaire dégradé et affamé.

Le gouvernement sous lequel nous vivons depuis trois ans, et qui se maintient par l'opposition que les partis qui lui sont le plus opposés se font les uns aux autres, car les idées et les mœurs de la nation semblent lui être également contraires, vit par les hommes qui ont conquis sous les précédents règnes une éclatante et juste renommée. Sans l'éloquence des orateurs formés sous la monarchie, que trouverions-nous à admirer dans tout ce qui se dit et se fait aujourd'hui ?

On ne saurait assez honorer ces hommes qui, doués du plus merveilleux des talents, s'attachent, avec une persévérance que rien ne rebute ni ne fatigue, et avec un courage que rien ne saurait faire reculer, à venger la raison publique des outrages répétés qu'elle reçoit, à remettre chaque jour en lumière les éternels principes du droit et de la morale, à démasquer et à confondre ces prétendus amis du peuple qui l'abreuvent de mensonge et l'épuisent de misère, et à soutenir l'espérance des honnêtes gens.

Mais que ces derniers ne s'y trompent pas. Ce n'est pas la parole, si éloquente qu'elle soit, qui sauvera la patrie. Les orateurs d'aujourd'hui s'appliquent à réparer le mal que d'autres ont fait, et qui n'applaudirait à leurs efforts? Mais par l'admiration qu'ils inspirent, par l'éclat dont ils entourent la tribune française, ils contribuent à accréditer la fausse pensée, qu'un peuple, quand il produit de grands orateurs, est digne, par cela seul, de jouir des bienfaits du gouvernement représentatif; qu'il possède, au même degré que la sage Angleterre, le culte des traditions, le respect de la loi, la maturité de jugement, le calme, la réflexion et le sentiment inaltérable de l'amour du pays, sans lesquels cette sorte de gouvernement n'est qu'une machine de guerre, propre à renverser dans un temps fixé le pouvoir établi. La parole fait les révolutions; elle ne les arrête ni ne les termine. L'histoire nous l'apprend.

Platon voulait que les poëtes fussent couronnés de fleurs et conduits avec honneur hors de sa république. Lorsque la France voudra en finir avec les révolutions, elle devra couronner et éconduire, d'abord les poëtes, car la lyre s'accorde mal aux clameurs de la multitude, ensuite les orateurs, car la parole suscite des tempêtes qu'elle n'a jamais apaisées.

Un illustre guerrier, en qui la France plaçait ses dernières espérances, et que la Providence nous a enlevé, comme pour nous laisser seuls et désarmés en face du péril, disait : « Celui qui terminera nos révolutions est aujourd'hui en faction devant quelque corps-de-garde de l'Algérie.» Espérons que ce modeste soldat grandira vite, car le danger est pressant, et préparons-nous à l'accueillir, en fortifiant nos idées et nos mœurs, en appréciant à sa juste valeur une forme de gouvernement, où, pour nous, copistes malhabiles, tout est fiction et apparence; en déposant ce caractère athénien qui nous fait applaudir avec passion à un mot plus ou moins heureux, à une phrase plus ou moins bien préparée, à un discours enfin, comme si c'était ailleurs que dans l'imagination des poëtes et des orateurs, que les discours sauvent les empires.

La paix extérieure, seul bien que nous n'ayons pas encore pu compromettre, tient dans le fourreau l'épée qui pourrait rassurer les bons et faire trembler les méchants, si elle venait jamais à briller, et le sauveur de la patrie, que l'illustre et si regrettable maréchal démêlait au milieu de ses anciens soldats, devra grandir dans la paix. Fasse le ciel que nos discordes intestines et l'affreuse guerre civile ne lui fassent pas surmonter cet obstacle en un seul jour !

Les révolutions politiques sont l'œuvre des idées ou des mœurs : des idées, quand un peuple renverse ses institutions pour essayer l'application de théories politiques qui lui paraissent plus vraies et plus justes que toutes les autres ; des mœurs, lorsqu'une nation a contracté des défauts qui lui rendent intolérable un gouvernement régulier et stable.

Les révolutions de 1789 et de 1830 eurent pour principe des idées politiques. En 1789, la nation se laissa entraîner par les séductions d'un esprit de réforme indéfini ; et ayant succombé au milieu des décombres dont elle avait pris plaisir à s'entourer, elle tendit les mains au despotisme, éternel recours des peuples épuisés de discordes. En 1830, elle tomba dans un piége habilement tendu. Le seul objet de ses désirs était l'établissement du régime parlementaire avec toutes ses conséquences : le libéralisme sut l'amener à une révolution qui n'était pas dans ses besoins, car une révolution n'est jamais nécessaire, mais qu'elle ne souhaitait même pas.

Nulle pensée politique, nulle vue théorique ne prépara, ni ne dirigea le coup de main de Février, qui fut exécuté par quelques-uns contre tous. Indifférente au maintien de son gouvernement, à la stabilité de ses institutions, à son propre bonheur ; désenchantée de ce qu'elle avait aimé, sans souci d'un avenir incertain, asservie par sa passion du bien-être matériel, la France, plus éloignée que jamais d'appeler de ses vœux une révolution, en laissa exécuter une par un petit nombre d'hommes audacieux qu'elle a depuis flétris et repoussés, mais dont l'œuvre subsiste et subsistera plus de temps qu'on ne pense, car on commence une révolution quand on veut, on ne la finit pas de même.

La situation actuelle de la France est donc le résultat de l'affaiblissement et de la décadence de l'esprit public. Quand les honnêtes gens cessent de veiller sur la chose publique, elle devient la proie des séditieux et des aventuriers.

Conduisons plus loin cette réflexion et demandons-nous quelle est la cause du scepticisme politique dont notre caractère national est si profondément vicié et qui met les destinées d'une des plus puissantes nations qui aient illustré le monde à la merci d'un tour de main, ourdi dans les clubs ou dans les cabarets de la capitale.

IX.

Les sociétés ne peuvent subsister si le respect de l'autorité ne règne au milieu d'elles; nul ne pourrait contester cette vérité. Que serait une association où personne ne commanderait et personne n'obéirait? Le respect de l'autorité peut, dit-on, s'obtenir par la crainte ou par l'intérêt. Mais ces deux bases sont également fausses et trompeuses. La crainte dure aussi longtemps que la force qui l'enfante, c'est-à-dire un instant, et ne peut servir de principe à un gouvernement. L'intérêt conduit, sans doute, un citoyen à l'obéissance, quand on lui a démontré qu'il y a profit pour lui à obéir et dommage à résister; l'obéissance est donc, dans ce cas, le résultat d'un appréciation personnelle, incertaine comme toutes nos appréciations, plus incertaine encore, puisqu'il s'agit ici de l'intérêt, principe essentiellement mobile et sur la nature duquel il est si facile, même aux esprits les plus justes, de se méprendre. La crainte et l'intérêt produiront donc accidentellement le respect de l'autorité. Ni l'un ni l'autre de ces deux sentiments ne l'affermiront et ne pourront donner la vie à une société.

Mais si la religion, cette grande école de respect, comme on l'a si bien dit, règne sur le cœur d'un homme et l'accoutume, de bonne heure, à réprimer les élans de révolte de sa raison, à croire et à respecter dans l'ordre des choses religieuses et morales, il croira et respectera dans l'ordre des choses politiques, parce que son cœur et son esprit auront contracté de bonnes et saintes habitudes qui règleront ses pensées et dirigeront ses actes. L'homme qui croit et qui espère, en religion, ne peut jamais être un mauvais citoyen. Il porte en lui-même la source des vertus civiques, la foi. Ceci s'applique aussi bien aux nations qu'aux individus. Un peuple sans religion ne forme pas une société, mais un assemblage d'hommes qui, n'ayant d'autre lien commun que l'intérêt, vivent entre eux comme des ennemis et ne peuvent supporter le joug nécessaire de l'autorité, car l'autorité est instituée pour réprimer les passions que la rupture ou l'affaiblissement du lien religieux a déchaînées.

« Les princes ou les républiques, dit Machiavel, qui veulent se maintenir à l'abri de la corruption, doivent sur toutes choses conserver dans toute sa pureté la religion et ses cérémonies, et entretenir le respect dû à leur sainteté, parce qu'il n'y a pas de signe plus assuré de la ruine d'un Etat que le mépris du culte divin. » Il faut vivre dans un temps tel que le nôtre, pour rencontrer des hommes d'Etat renommés, des publicistes illustres, qui, tout en déplorant l'affaiblissement des principes religieux parmi nous, pensent cependant que ces principes ne sont pas absolument nécessaires à la vie des sociétés, et qu'avec des lois sévères et une constitution politique rédigée avec soin et prévoyance, on peut fonder un Etat régulier et solide, où les citoyens trouveront toute sécurité pour leurs droits et pour leurs intérêts. Depuis la fin du siècle dernier, la France vit sur cette opinion, qu'avant elle aucun peuple n'avait encore adoptée, et les sévères leçons qu'elle a reçues pendant cette longue période de temps ne semblent pas l'avoir dégoûtée de la plus funeste erreur qui se soit jamais emparée de l'esprit d'une nation.

Nous n'en aurons fini avec les révolutions et nous ne pourrons reprendre le rang glorieux qui nous avait été assigné par la Providence entre toutes les grandes nations, que quand nous aurons repoussé l'héritage de mensonges et d'erreurs que nos pères nous ont transmis, et que nous cultivons avec une si étrange confiance. L'existence de notre société est à ce prix. Si elle ne peut pas, ou ne veut pas réformer ses croyances et ses mœurs, abjurer le matérialisme grossier ou l'indifférence non moins coupable qu'elle affiche sur la destinée de l'homme et sur sa nature, si elle continue de donner au monde de pernicieux enseignements, elle vivra peut-être encore quelque temps, comme vivent les malheureux dans les veines desquels le poison circule.

On ne peut, disent des hommes qui ont un certain renom de prudence et de modération, sinon de sagesse, raviver des croyances religieuses que l'esprit d'incrédulité a une fois attaquées. Un illustre orateur catholique, M. Donoso Cortès, n'a-t-il pas dit lui-même : « J'ai vu, j'ai connu nombre de personnes qui, après s'être éloignées de la foi, y sont revenues : malheureusement je n'ai jamais vu de peuple qui soit revenu à la foi après l'avoir perdue? » Il faut donc, ajoute-t-on, se résigner à ce qui est, et chercher à sauver dans le naufrage, malheureusement trop évident, des idées religieuses, ce que ces idées avaient de plus applicable aux relations des hommes entre eux, c'est-à-dire les règles d'une morale pure et élevée qui se résume en ce peu de mots : aimer le prochain comme soi-même. Au temps de la foi catholique, ne disait-on pas que la loi religieuse se trouvait renfermée tout entière dans ce précepte si simple et si fécond? Croyez qu'une société où il serait mis en application , et où il servirait de base aux mœurs et aux institutions, serait une société solidement fondée, quoique fondée différemment de toutes celles qui l'ont précédée.

Nous ne daignons pas nous arrêter à cette chimère, déjà ancienne, d'une morale dépourvue de sanction religieuse. Les passions humaines sont trop diverses et trop violentes, pour être domptées par l'idée abstraite du juste et de l'injuste. L'impie honnête homme sera toujours une exception.

Venons à ce fait allégué avec tant de certitude, à savoir que l'incrédulité a frappé de mort la croyance catholique et que tous les efforts pour lui rendre la vie seront inutiles.

Le grand orateur espagnol déclare qu'il a vu nombre de personnes revenir à la foi, après s'en être éloignées; or, ce nombre peut augmenter et il peut augmenter assez pour qu'il soit permis de dire d'une manière générale que le peuple est revenu à la foi. Il n'y a donc aucune raison de désespérer du retour d'un peuple, et en particulier du nôtre, au respect de la religion.

L'opinion que la religion catholique ne vit plus que d'une vie précaire et d'emprunt ne s'affiche pas avec arrogance, nous le reconnaissons ; mais il est aisé de voir qu'elle domine les idées de bien des gens qui n'ont aucune prétention à passer pour ce qu'on appelait autrefois des esprits forts, et qui l'ont adoptée sans examen, parce qu'ils vivent dans un cercle étroit où elle est en faveur et passe pour incontestable.

Ce serait fermer les yeux à la lumière que de nier les progrès qu'a faits et que fait encore, non pas l'impiété audacieuse et publique, mais cette froide indifférence qui ne refuse même pas à la religion les semblants d'un respect extérieur, « cet indifférentisme religieux qui a produit des maux affreux par la corruption de la foi des peuples, » dit Sa Sainteté Pie IX, dans son Instruction aux Evêques de France, sur la loi de l'enseignement. Les effets de ce mal sont nombreux et visibles, car les agitations convulsives de la France, depuis soixante ans , ses révolutions, ses guerres civiles et sa décadence n'ont pas d'autre cause. En conclure que la religion a été frappée au cœur par la philosophie du doute et qu'elle meurt; prétendre que la source de vie est tarie pour nous et qu'aucun lien ne nous réunit plus les uns aux autres et tous à Dieu, c'est se tromper grossièrement ou mentir.

L'incrédulité peut s'énorgueillir de ses forces, car elles sont nombreuses. La religion a le droit de compter, avec une plus légitime fierté, les siennes. Voyez cette milice sacrée qui par sa piété, ses vertus, son savoir, s'est placée au premier rang du clergé catholique ; elle est recrutée dans tous les rangs de cette société qu'on dit saturée d'impiété et qui paie cependant chaque année à la religion, ce tribut de foi et de dévouement. Voyez ces saintes filles, l'honneur de l'humanité, si elles n'étaient pas la gloire de la religion, qui se séparant du monde afin de le mieux servir, se vouent à une vie d'épreuves et de sacrifices, afin qu'il n'y ait pas une douleur sans secours, pas une peine sans consolation, pas une faiblesse sans appui et sans conseils. Voyez ces pieuses épouses, ces tendres mères, qui luttent avec une énergie douce, une persévérance que rien ne rebute, afin de conserver au foyer domestique une source inépuisable de vertu et de bonheur. Comptez combien, dans cette société incrédule, sensualiste, révolutionnaire, il y a encore, parmi les riches comme parmi les pauvres, parmi les sages comme parmi les simples ou les ignorants, d'hommes qui croient et qui espèrent, ensuite vous direz si le flambeau de la vérité est éteint en France. Il ne s'agit donc pas de ranimer une religion mourante ou morte, mais de ramener à une religion impérissable, à une religion qui, dans sa prétendue décadence, enfante des actes de foi profonde ou d'admirable héroïsme, un peuple trop léger et trop ami du changement pour que son alliance avec l'erreur puisse être regardée comme définitive et qu'il faille désespérer de lui.

Ce peuple est voué à l'erreur, non par conviction, mais par habitude. Ce ne sont donc pas, chez lui, de vives et ardentes croyances qu'il faut terrasser et étouffer, mais de mauvaises mœurs qu'il faut corriger. L'entreprise n'a rien de chimérique, et coupables seraient ceux que ses difficultés décourageraient.

La France ne conjurera les dangers, qui menacent son existence, qu'en revenant au principe d'autorité qui, en d'autres temps, assurait sa grandeur et sa prospérité, et elle ne sera ramenée au respect de ce principe, que par l'influence de la religion, qui s'offre à lui rendre ce nouveau service, si son secours est sincèrement accepté, si son doux et salutaire empire cesse d'être repoussé par ceux qui ont le plus d'intérêt à son affermissement. Il faut bannir à tout prix l'ancienne erreur. Mais ce retour à la vérité, condition d'existence pour la patrie, est difficile à espérer de générations qui, nées dans l'erreur, y ont longtemps vécu. Leur sort est d'expier, par une vie pleine de troubles et de malheurs, l'éducation qu'elles ont reçue et les fautes qu'elles ont commises, et il serait insensé de leur demander autre chose que de laisser accomplir le bien qu'elles ne peuvent faire elles-mêmes. Les efforts et les espérances des amis de la patrie doivent donc se tourner vers les générations naissantes : celles-ci n'ont pas conclu de pacte avec le mal, et instruites par la dure expérience de celles qui les ont devancées, elles peuvent être disposées pour porter un jour avec bonheur le joug léger et bienfaisant de la vérité.

X.

L'éducation doit guérir la France de ses maux, car la France peut en être guérie. Tout autre remède, si efficace qu'il paraisse, ne serait qu'un palliatif insuffisant, propre à donner quelques heures de répit dans une longue agonie. Par une éducation fondée sur la religion, et sur les connaissances des vrais besoins de l'humanité, on parviendra à renverser les fausses opinions, les préjugés, les préventions qui oppriment notre nation; on lui fera comprendre que se maintenir en lutte déclarée contre les principes qui, jusqu'à ce jour, ont soutenu les sociétés, c'est préparer sa propre ruine, et elle redeviendra gouvernable, en redevenant amie d'une autorité tutélaire.

On cite souvent le mot de Leibnitz : « Celui qui est le maître de l'éducation est le maître de l'avenir. » Il faut tirer de cette vérité la conséquence qu'on ne doit jamais désespérer de l'avenir d'un peuple, puisque ce peuple peut toujours être rajeuni et fortifié par un système d'éducation publique qui rende au cœur la foi religieuse dont il ne saurait se passer; à l'esprit, le frein sans lequel il tombe dans les écarts d'une orgueilleuse et vaine indépendance; et au caractère le calme, la gravité et la réflexion qui seuls peuvent conduire un peuple à la vraie grandeur, à celle qui dure.

Nos maux sont anciens, nos blessures sont profondes et notre avenir est gravement compromis par nos fautes et par celles de nos prédécesseurs; mais un moyen assuré de salut nous est encore offert, sachons l'employer. Une partie considérable de la nation, la plus influente en définitive, est restée pure des erreurs qui corrompent le reste, et elle est prête à favoriser de tous ses moyens la réforme de l'éducation; nous possédons un clergé, qui a éclairé et guidé notre nation dans des jours de barbarie, et qui s'offre à l'éclairer de nouveau dans des jours d'une barbarie plus menaçante peut-être. Voilà l'instrument de salut, voici les mains qui doivent le faire mouvoir, qu'attendons-nous?

L'éducation, de tous les moyens le plus lent et celui qui demande le concours de plus de volontés, ne réformera pas la France en un seul jour, et il est à craindre que notre impatience habituelle et notre prétention à tout faire sans le secours du temps, ne nous dégoûtent d'une entreprise dont les résultats ne commenceront guère à se faire sentir avant un tiers de siècle. Un remède dont l'action serait immédiate conviendrait mieux à notre tempérament, cela est incontestable, mais nous n'avons pas le choix. Il faut donc nous résigner à travailler pour d'autres que pour nous, et à préparer un bonheur dont nous ne jouirons pas. Notre sort à nous est depuis longtemps décidé. Nous sommes nés au milieu des discordes civiles et nous y mourrons; mais nous pouvons assurer à nos enfants un sort meilleur que le nôtre. Telle doit être aujourd'hui notre unique pensée.

Longtemps avant que la révolution de Février eût rendu évidente cette vérité, que la France ne peut être sauvée que par la réforme de son système d'éducation, quelques hommes s'étaient appliqués à la répandre et à démontrer les vices de ce système d'éducation qui perpétue au milieu de nous des idées et des mœurs exclusivement révolutionnaires.

Ils combattirent l'Université avec force et persévérance, parce que cette institution, créée dans des vues despotiques et nullement irréligieuses, s'était, après la chute de son fondateur, détournée du but qui lui avait été assigné, et qu'elle s'appliquait, avec trop de succès, à affermir au sein de la société ce qu'elle appelait les conquêtes morales et politiques de 1789, c'est-à-dire l'esprit même qui provoque aux révolutions. L'Université appela à sa défense les préjugés, les passions, les intérêts dont l'esprit nouveau dispose, et alors éclata une polémique pleine de vivacité et de grandeur entre le principe conservateur des sociétés et le principe qui cause leur ruine.

Il serait naturel de penser que d'un côté se placèrent tous les honnêtes gens, tous les bons citoyens, tous les amis du gouvernement établi, au profit duquel devait s'opérer la réforme demandée, et de l'autre le petit nombre d'hommes voués irrévocablement à l'erreur. Les choses ne se passèrent pas ainsi, et, par un aveuglement impossible à expliquer, au premier rang des défenseurs de l'éducation révolutionnaire se trouvèrent, d'abord le gouvernement, ensuite une foule de gens qui, révolutionnaires sans le vouloir et sans le savoir, combattaient avec passion une réforme dont, à les entendre, le but et la conséquence étaient de livrer la France désarmée à la domination cléricale. Telle est l'intelligence habituelle du parti conservateur.

Les amis de la liberté de l'enseignement furent plusieurs fois vaincus, jamais découragés. Une conviction profonde animait leurs cœurs. L'état de la société, l'imminence d'une nouvelle révolution, l'inconcevable quiétude qui en s'emparant de l'esprit de la nation la rendait sourde à tout avertissement, augmentaient chaque jour en eux cette conviction. La lutte se serait longtemps prolongée, sans qu'il soit possible de dire quelle en eût été la solution, si la Providence, en faisant tout à coup éclater au milieu de cette nation assoupie la révolution de Février, n'eût déchiré le voile qui cachait la vérité à tant d'intelligences droites que le préjugé aveuglait. Alors les sages selon le siècle, les grands esprits du temps, les hommes d'Etat émérites comprirent qu'on ne fait pas une part au génie du désordre; que, si peu qu'on lui accorde, il sait en profiter et grandir toujours, et que, pour le vaincre, il faut franchement lui déclarer la guerre.

Une loi sur l'enseignement public fut préparée par les hommes qui avaient donné le plus de gages et les gages les plus éclatants de leur dévouement à la cause de la liberté religieuse. Cette loi renversait le monopole de l'Etat, conférait à tous les citoyens, sous des conditions faciles à remplir, la faculté de distribuer l'enseignement à tous les degrés, et appelait le clergé à exercer une influence directe sur l'éducation nationale, soit en exerçant une surveillance efficace sur l'enseignement de l'Etat, soit en répandant l'enseignement lui-même. Quand on réfléchit au caractère et aux conséquences nécessaires d'un tel projet de loi, au temps dans lequel il fut rédigé et présenté à l'adoption du pouvoir législatif; quand on réfléchit surtout aux antécédents politiques des hommes d'Etat qui l'acceptaient et qui seuls pouvaient le faire accepter par leurs amis, il est impossible de ne pas reconnaître quelque chose de providentiel dans cette œuvre.

Le devoir des bons citoyens, des amis de la religion et de la patrie était donc de l'accueillir avec reconnaissance et applaudissement, comme une faveur inespérée, comme un témoignage éclatant que Dieu n'abandonnait pas dans ses égarements notre malheureux pays, et sans s'attacher aux défauts que cette loi, comme toutes celles de ce temps, devait inévitablement contenir, se préparer à la mission nouvelle qui allait leur être confiée.

Ici encore, la prudence d'un nombre considérable d'hommes pieux et bien intentionnés vint échouer contre de mesquins sentiments et, en particulier, contre l'habitude de notre nation de juger les actes de l'autorité, même d'une autorité bienveillante et amie, avec défaveur et méfiance. Cette loi compta bientôt parmi les catholiques sincères, non pas plus d'adversaires que de défenseurs, mais des adversaires ardents, passionnés, qui ne craignirent pas de jeter le doute et le trouble dans des âmes faciles à alarmer, et de la signaler comme un piége, contre lequel le clergé et les fidèles devaient se tenir en garde. Une concession, arrachée avec tant d'efforts et de précautions aux vieux préjugés de la majorité du parti modéré, fut repoussée avec hauteur et dédain comme un don perfide et redoutable.

On devait remercier la Providence, se réjouir du salut, désormais possible, de notre pays, et se mettre à l'œuvre avec joie et avec résolution; on n'eut que des paroles de colère contre la loi et contre ses auteurs : ils avaient, disait-on, pactisé avec l'ennemi, abandonné leur drapeau et livré l'Eglise à ses adversaires, parce qu'au lieu de se précipiter, comme les révolutionnaires, dans la licence des théories ou des rêveries, ils avaient pris la réalité pour limite de leurs vœux.

Cette conduite irréfléchie, qui compromit, un instant, le succès d'une sage entreprise, accuse plus fortement qu'aucun autre fait l'étendue du dérangement moral de notre société, car ce ne furent pas des hommes nourris dans la haine du bien et de toute autorité légitime qui donnèrent cet exemple d'aveuglement.

La loi cependant fut votée et la liberté d'enseigner établie, c'est-à-dire qu'on était parvenu à obtenir de la France un aveu que les nations ne font pas volontiers, à savoir que ses mœurs et ses idées, corrompues à un égal degré, devaient être complétement réformées. Les passions cependant n'avaient point désarmé, et l'on ne peut dire jusqu'où aurait été une résistance enivrée du scandale qu'elle causait, si la voix, à laquelle toute conscience catholique se fait un devoir et un honneur d'obéir humblement, n'eût retenti, afin de lever les scrupules conçus par des consciences honnêtes et égarées, et d'imposer silence à des clameurs qu'excitait l'esprit d'opposition, ce tribut payé au génie révolutionnaire par les honnêtes gens.

Que le souvenir de ces tristes débats s'efface de notre mémoire. Nous l'avons rappelé en peu de mots, parce qu'il importe de montrer, à l'aide de preuves récentes, que les hommes doués de bonnes intentions ont aussi leurs aberrations, dont le génie perturbateur de la société sait profiter, et contre lesquelles ils doivent se tenir soigneusement en garde. Maintenant, nous devons tous n'avoir qu'une même pensée, qu'un seul but : assurer les destinées de la patrie, en donnant aux générations naissantes une éducation meilleure, plus religieuse, plus morale, plus véritablement sociale que celle que nous avons reçue. Pénétrons-nous de cette vérité, qu'il n'est pas pour la France d'autre voie de salut, et que le chercher dans les combinaisons plus ou moins raffinées de la politique, dans le retour à telle ou telle forme de gouvernement déjà plusieurs fois essayée et abandonnée, dans la modification accidentelle d'une constitution, c'est vouloir recommencer l'œuvre tant de fois entreprise, de construire un édifice sans base.

L'exécution de la loi du 15 mars 1850 rencontrera dans la résistance systématique des révolutionnaires et dans l'insouciance ou la mollesse de la partie saine de la nation, des obstacles dont il serait imprudent de se dissimuler le nombre et la puissance. Il faut, après les avoir indiqués, enseigner comment on pourra les surmonter.

XI.

Chez les peuples sages, qui savent conserver intactes les notions de la vérité et du droit, la loi est entourée d'une sorte de majesté qui commande par elle seule le respect et l'obéissance. Le mot *loi* a quelque chose qui impose aux esprits, et nul ne cherche à se raidir contre le sentiment qu'il exprime. En France, le nombre des lois est tel, et elles y sont faites avec tant de légèreté, rédigées avec si peu de soin, discutées avec si peu de dignité, qu'avant leur promulgation elles sont déjà frappées de discrédit. La loi ne peut pas dans notre pays se présenter seule devant les citoyens, il faut qu'elle soit constamment accompagnée du magistrat armé. Arrive-t-il quelque grave événement ? La société est-elle mise en péril ? De toutes parts on réclame des lois rigoureuses, on les discute d'urgence, on les vote d'enthousiasme ; mais dès qu'elles sont promulguées, personne ne songe plus à leur exécution, et elles vont accroître ce vaste amas de lois, de décrets, d'ordonnances, monument durable de nos erreurs, de nos changements et du mépris où la loi est tombée parmi nous.

Ceux qui ont pu conserver encore quelque déférence pour l'expression de la volonté nationale, s'imaginent que l'exécution de la loi appartient au gouvernement et à ses agents, que les citoyens n'ont rien à y voir, car dans ce pays, soi-disant épris de liberté, et qui a fait en son nom tant de révolutions, on abandonne sans regret les droits pour être débarrassé des devoirs du citoyen. Entraver par le soupçon, le dénigrement ou l'outrage le pouvoir dont on convoite en secret les faveurs, tel est le seul droit public dont les Français soient jaloux; pour le surplus, chacun d'eux n'a qu'une seule réponse : « Cela ne me regarde pas. » Voilà tout notre patriotisme.

Si les citoyens, sur le dévouement desquels le législateur a dû compter, en proclamant la nécessité de réformer l'enseignement, et auxquels il n'a pas craint de demander beaucoup, lui adressaient une réponse semblable, il serait permis, non pas de se décourager, mais de concevoir de sérieuses craintes, car on ne doit pas se dissimuler que l'entreprise est immense et semée de difficultés sans nombre.

Il s'agit d'arracher l'instruction primaire à l'influence sous laquelle la loi de 1833 l'a placée, et de la transformer en un moyen assuré d'amélioration religieuse et morale, et non de perfectionnement intellectuel, désordonné, pour la classe populaire, à laquelle il faut des vertus, de la patience, du dévouement, et non la fausse et ridicule science de l'enseignement primaire *supérieur;* de faire pénétrer dans les débris encore vivants de l'ancienne Université, la connaissance et la pratique des principes d'une bonne et véritable éducation, de celle qui développe simultanément les qualités du cœur et les dons de l'esprit, ouvrant à l'un la source des sentiments purs et élevés, et apprenant à l'autre comment on peut dompter les écarts de la raison, dont l'indépendance cause la chute ; de préparer par la fondation d'établissements libres d'instruction primaire et secondaire, destinés à donner de bons exemples et à restreindre de plus en plus la part d'influence qui appartiendra longtemps encore à un système d'instruction publique, vicieux et incomplet, l'adoption d'une seule et même pensée dans la direction religieuse et morale de la jeunesse; il s'agit enfin de décider tout ce que la France possède de bons et vrais citoyens, également dévoués au triomphe de la religion et au bonheur de la patrie, à contribuer, par leurs efforts et par leurs sacrifices, au succès d'une entreprise où il n'y a ni gloire ni profit à acquérir, mais à faire un bien trop grand pour que sa récompense soit en ce monde.

Cette œuvre est une œuvre de missionnaires, à l'accomplissement de laquelle il faut apporter quelque peu de cette foi ardente qui entraîne au-delà des mers, et lance au milieu des plus grands périls tant de jeunes cœurs que l'amour de la religion et la charité élèvent au véritable héroïsme.

La loi du 15 mars 1850, appliquée, non pas seulement par le gouvernement, mais par les citoyens, avec sagesse et fermeté, et entendue comme elle doit l'être, suffit pour atteindre le but, si long-temps et si vainement poursuivi.

Cette loi confère aux conseils municipaux une action directe sur l'instruction primaire et aux conseils généraux une influence considérable sur l'instruction secondaire; recherchons donc avec ardeur les fonctions municipales, ce sont aujourd'hui les plus importantes et les plus dignes de l'ambition d'un vrai citoyen ; briguons également celles de délégués cantonaux, car la surveillance des instituteurs communaux qui tiennent, nous pouvons le dire, entre leurs mains, l'avenir du peuple, appartient à ces délégués. Loin de nous isoler dans une coupable indifférence, emparons-nous de toutes les positions où nous pourrons espérer de faire beaucoup ou seulement un peu de bien. Pour ne laisser aucune bonne volonté oisive et inefficace, instituons dans les villes et dans les campagnes des associations dont l'objet sera d'aider ou d'exciter les pouvoirs constitués dans la réforme du pays par l'éducation ; ouvrons, partout où se trouveront un petit nombre de personnes pieuses et charitables, des souscriptions où le superflu du riche et l'obole du pauvre seront reçus avec une égale reconnaissance, et à l'aide du produit de ces quêtes pour le rachat de jeunes âmes tombées au pouvoir de l'ennemi, créons, en face des lycées, des collèges et des écoles communales, des pensionnats et des écoles libres ; publions et répandons de bons livres et des journaux purs de journalisme ; distribuons des secours à ceux qui auront souffert dans cette lutte contre l'erreur ; en un mot, que la volonté décidée de prendre part à la réforme de l'éducation soit, pour ceux qui ont une vie de loisir, leur occupation de tous les jours, leur véritable fonction, et pour ceux dont la vie est déjà remplie, un noble et doux délassement de leurs labeurs habituels. Voilà une belle carrière ouverte à tous les citoyens qui croient encore à la patrie et qui aspirent à la servir, non pas pour eux-mêmes, mais pour elle. Jamais elle n'a eu plus besoin de leurs services.

Le bien que les hommes pieux et dévoués peuvent faire en réunissant leurs efforts et leurs sacrifices est grand sans doute, mais on se tromperait si l'on croyait qu'ils ont une autre mission à remplir que celle de simples auxiliaires d'une influence qui est et qui doit rester supérieure à la leur. La loi du 15 mars 1850 accorde aux simples citoyens isolés ou associés les uns aux autres des droits étendus, mais la réforme proprement dite de l'éducation nationale, elle l'a remise au clergé. Sur ce point, il ne saurait y avoir de doute. C'est en lui qu'elle a placé ses espérances. C'est dans ses hautes lumières, son zèle à toute épreuve, sa charité, son dévouement, que la patrie place également les siennes.

XII.

A Dieu ne plaise que, suivant un exemple déplorable, dernière preuve qu'il restât à donner de l'anarchie actuelle des idées, nous nous permettions de dicter au clergé ce que, dans des circonstances et en présence de devoirs qu'il comprend mieux que nous, il doit faire ou ne pas faire. Nos intentions n'excuseraient pas notre témérité. Mais il ne nous est pas défendu d'indiquer aux simples citoyens, comme nous, et afin d'échauffer leurs cœurs en leur montrant que la victoire est possible, probable même, tout ce que la France obtiendra de bienfaits, pour prix de la liberté qu'elle vient de restituer au clergé.

L'expérience de ces derniers temps a opéré un changement sensible, quant à l'influence des idées religieuses, dans l'opinion de la France. L'incrédulité se cache ou affecte des apparences décentes, et la piété ne connaît plus de fausse honte. Cependant, l'intervention du clergé dans l'éducation publique paraît à des esprits animés aujourd'hui d'intentions loyales, mais qui conservent, sans s'en apercevoir, une partie de leurs anciennes préventions contre la religion, sujette à de graves inconvénients, dont, à les entendre, il importe de tenir compte. L'éducation de la jeunesse leur paraît être une des attributions essentielles du pouvoir civil, qu'une nation comme la France ne laissera jamais envahir par le clergé. Peu nombreux et suffisant à peine au service des autels, le clergé, s'il abandonnait sa mission véritable pour appliquer les idées qu'il a émises avec éclat sur l'instruction publique, viendrait se heurter contre des préventions assoupies et non éteintes, et sans faire de bien à la jeunesse, qu'il veut servir, il se ferait un grand tort à lui-même.

Voici la réponse qui peut calmer ces craintes :

Si l'éducation doit former à la fois l'esprit et le cœur, il est évident que la part la plus importante dans cette tâche difficile revient à la religion. Tous les peuples ont admis cette vérité, et quand la France a essayé de la repousser, on sait ce qui en est résulté.

Il n'est pas vrai que l'intervention du clergé, dans les actes de la vie publique, soit pour lui une cause de défaveur. Loin de là. Ses membres appelés, comme tous les citoyens, à l'exercice des droits politiques, y ont trouvé le principe d'une influence que les populations rurales accueillent sans résistance et souvent même avec satisfaction.

Il lui faut de la prudence, car personne n'est dispensé d'en montrer ; de la résolution, car ses ennemis sont encore nombreux ; de la persévérance, car tous les obstacles ne peuvent pas être enlevés d'un seul coup : mais il trouvera toujours un solide appui dans l'opinion, quand il usera avec assurance des droits que la loi lui confère. On ne pourrait, sans injustice, méconnaître que la révolution de Février a au moins rendu le service d'abattre la barrière qui séparait le clergé de la société politique, et de l'appeler à une vie différente de celle que les précédentes révolutions lui avaient faite.

Lorsque, dans nos élections populaires, nous voyons les électeurs de la campagne arriver en longues colonnes serrées, tambour en tête, de drapeau flottant, conduits par le curé et par le maire, au chef-lieu du canton, pour y déposer leur vote, nous comprenons que le temps est passé où une autorité jalouse surveillait attentivement le sanctuaire pour empêcher le prêtre d'en sortir.

Le service des autels est, dit-on, le premier devoir du clergé : or, la milice sacrée est peu nombreuse, les vocations remplissent à peine les vides faits dans ses rangs par la mort, et beaucoup de paroisses restent veuves de leurs pasteurs ; comment espérer qu'avec des moyens aussi limités d'influence et privé de ses anciennes richesses, le clergé puisse prendre une part considérable à l'éducation nationale ? A défaut de difficultés morales, ne rencontrera-t-il pas des résistances matérielles à peu près impossibles à surmonter ?

La loi de 1850 a eu la sagesse de ne point supposer une société imaginaire, de se tenir à distance de toute illusion et de fournir au clergé les moyens de faire le bien, les plus appropriés à sa position actuelle.

XIII.

Le clergé ne pouvait être chargé seul du fardeau de l'enseignement primaire, car il existe aujourd'hui précisément autant d'écoles primaires que d'ecclésiastiques. Il faudrait donc doubler le nombre de ces derniers pour que chacune d'elles pût être placée sous la direction d'un ministre de la religion. Dans un aussi vaste système d'enseignement, les congrégations religieuses, vouées à l'instruction primaire, sont et demeureront, selon toute vraisemblance, les dépositaires des bons principes et des meilleures méthodes, mais n'aspireront jamais à devenir les arbitres de l'enseignement populaire. Aussi la loi de 1850, après avoir reconnu le droit des congrégations religieuses, s'est-elle contentée de placer l'école communale sous la surveillance du curé, afin que s'il ne peut lui-même donner l'enseignement, il veille au moins à ce que celui qui est donné par un autre, soit constamment religieux et sage. Le but sera atteint par la seule voie praticable.

Le curé rencontrera certainement des difficultés. L'orgueil, aujourd'hui craintif, de l'instituteur laïque et les dispositions mauvaises ou incertaines des membres du conseil municipal ou des principaux habitants de la commune, entraveront, dans plus d'un endroit, l'accomplissement de ses devoirs. Que les gens de bien lui viennent en aide ; qu'ils s'appliquent à vaincre les résistances, les préventions, les petites haines qui pourraient surgir contre lui. Qu'en arrivant dans sa paroisse, le curé soit assuré de la coopération active et persistante et non de l'approbation inerte et froide de tous les honnêtes gens qui y habitent ; que nulle part le curé ne soit dans l'isolement et abandonné à ses seules forces. La loi a compté sur le dévouement des hommes de bien, ses espérances ne seront pas trahies.

XIV.

Quant à l'enseignement secondaire, nous pouvons, après ce qui a été déclaré à la tribune, répéter ici que la réforme de ce second de-

gré de l'enseignement serait impossible, si la liberté des Congrégations religieuses n'existait pas, et qu'en proclamant le droit commun
d'enseigner, la loi a eu particulièrement en vue la Société de Jésus,
qui a porté au plus haut degré de perfection l'art de former les jeunes cœurs au culte du vrai et du juste, et qui seule possède le secret
de faire rentrer les idées d'ordre et de respect dans l'esprit des classes
supérieures de la société. Après une proscription presque séculaire,
qui est le plus éclatant succès obtenu par la haine et le mensonge, cette
Société a enfin trouvé une loi bienveillante, à l'ombre de laquelle
elle peut guérir ses anciennes blessures, retremper ses armes et
marcher à de plus grands succès; car jamais, pas même au moment
de sa fondation, elle n'a eu plus d'erreurs à vaincre, plus de vérités
à répandre et plus de ruines à relever.

La Compagnie des Jésuites ne peut rentrer immédiatement dans la
carrière de l'enseignement dont l'a exclue, il y a vingt ans, un gouvernement faible et effrayé. Depuis cette époque, tous ses efforts ont
tendu à répandre la vérité et à corriger les mœurs par la prédi-
cation, et il lui faudra du temps pour rendre à la vie ces grands établissements d'instruction publique que les ordonnances de 1828 ren-
versèrent en un seul jour. L'Etat continuera donc, longtemps encore, de faire prévaloir un enseignement qui sera peut-être meilleur
dans l'avenir qu'il ne l'a été dans le passé, mais qui n'offrira, en définitive, que des garanties douteuses aux familles, parce que l'esprit de cet enseignement suivra dans ses oscillations l'esprit du gouvernement lui-même. Il faut que la société tout entière et le clergé
exercent sur cet enseignement variable, et sans base fixe, une surveillance pleine d'activité et de sollicitude, et que s'il tendait à rentrer dans ses anciennes voies, une répression sévère se fît sentir, ou
tout au moins qu'un cri d'alarme fût poussé et entendu.

La loi de 1850 ne s'est pas contentée de proclamer la libre con-
currence contre l'enseignement de l'Etat, elle a voulu que les chefs
du clergé eussent le pouvoir de prévenir ou de réprimer les dévia-
tions de cet enseignement. Quatre Evêques siégeront dans le conseil supérieur, auquel appartiendra la haute direction de l'instruction publique, et une place est réservée pour l'Evêque diocésain au
sein de chaque conseil académique.

Nous devons croire que souvent l'amour éclairé du bien public
réunira, dans une pensée commune, les personnes appelées, à raison des fonctions qu'elles remplissent, à siéger dans les conseils aca-
démiques; mais la division des opinions politiques est telle, et l'on
rencontre d'ordinaire, dans des assemblées de ce genre, de si singu-

liers esprits, que l'on se tromperait si l'on ne prévoyait pas que la division pénétrera dans plusieurs de ces conseils et les partagera en deux fractions, dont l'une marchera sous le drapeau de la religion et de la patrie, et l'autre se proclamera l'amie de la raison, du progrès et de l'émancipation de l'intelligence. Les honnêtes gens ne se laisseront pas prendre à ces grands mots, dont le sens est connu. Ils se rappelleront que, de nos jours, *raison* n'est que trop souvent le synonyme d'incrédulité, *progrès* de révolution, *liberté* d'anarchie, et ils viendront se grouper autour de leur Evêque, pour défendre avec lui, et sous sa pieuse et sage direction, les principes qu'il faut absolument faire dominer dans l'éducation de la jeunesse.

Si les Evêques, par impossible, se trouvaient seuls et sans autorité dans ces conseils, nous savons qu'ils ne se décourageraient pas, puisque le Père commun des fidèles a dit : « Si, malgré tous leurs efforts, leur avis, sur quelque point concernant la doctrine ou la morale catholique, ne pouvait pas prévaloir, ces dignes Evêques auront toute la facilité d'en informer, à l'occasion, les fidèles confiés à leurs soins. » Mais combien leur cœur serait réjoui, combien leurs forces seraient accrues, si en venant s'asseoir au sein de ces conseils, ils étaient assurés d'y trouver une majorité, non pas timide devant eux et obéissante, mais sympathique à tout ce qu'ils souhaiteront de favorable à la religion et d'heureux à la France !

On le voit, partout le concours des honnêtes gens sera nécessaire au clergé, partout le concours du clergé sera nécessaire aux honnêtes gens. C'est au prix de cette union intime et persévérante que le bien pourra être accompli. Nous ne devons jamais laisser les paroles suivantes s'effacer de notre mémoire : « Le Saint-Père ne cesse pas de conjurer tous les bons, non-seulement de faire preuve de patience, mais aussi de rester unis. »

Sur le terrain de la politique, il se forme aisément entre des partis qui ont des drapeaux différents, des coalitions qui doublent la force de chacun de ces partis. Tout ce qui s'est fait de bien depuis deux ans est dû à une alliance de ce genre. Nous appelons à une alliance non moins féconde ceux qui ne désespèrent pas de la puissance de la religion et de l'avenir de notre pays. Qu'à la voix de Pie IX, ils viennent tous, sans souvenir du passé et animés par le même sentiment, se ranger sous la bannière qui donne la victoire à ceux qui la portent.

La réforme de l'enseignement demande beaucoup de temps, d'efforts et de persévérance, mais le succès en est certain, si les bons citoyens unissent résolument leurs efforts à ceux du clergé, pour renverser un système d'éducation qui, vicieux au fond, n'est pas même approprié au principe démocratique, qu'il prétend servir.

La démocratie dédaigne de cultiver les qualités de l'esprit et de polir les mœurs. L'étude du beau et de l'idéal ne lui convient aucunement. Lorsque la France s'est livrée tout entière à la démocratie, elle aurait dû, pour rester conséquente avec elle-même, adopter le système d'éducation le plus conforme aux instincts et aux besoins de celle-ci, et substituer, comme on le lui conseillait, à la culture des belles-lettres et des chefs-d'œuvre de l'antiquité, celle des sciences exactes et des procédés industriels et agricoles. Mais, impuissante à briser le joug des anciennes mœurs, elle conserva, en le mutilant et en l'isolant de la religion, le système d'éducation créé par la monarchie pour s'affermir et se perpétuer. Aujourd'hui, la jeunesse reçoit une instruction dont le programme, plus vaste en apparence qu'en réalité, peut être résumé par ces mots : « Tout effleurer, dans le moins de temps possible. » L'intelligence générale a pris naturellement le niveau de l'éducation destinée à la former, et nous voyons régner ou se préparer à régner des générations ignorantes et dédaigneuses de ce qui a fait, quelquefois la gloire, toujours le charme des générations précédentes.

La démocratie a commis là une grande faute, que nous ne saurions trop signaler à son attention.

L'esprit et le caractère sont unis par des liens indissolubles. Vous ne pouvez affaiblir l'un sans affaiblir l'autre. Quand la démocratie a fait prévaloir un mode d'éducation sans direction précise, mi-partie monarchique et républicain, qui ne forme et ne peut former que des hommes vains, changeants, superficiels, bons à devenir des journalistes ou des lecteurs de journaux, elle a préparé l'amollissement et le déclin des mœurs publiques, à son grand péril, car elle ne saurait subsister sans l'appui de mœurs austères et vigoureusement trempées. Nous tenons ici le secret du peu de vitalité de la démocratie française. Le système d'éducation qu'elle a embrassé lui est mortel. Ceux qui souhaitent avant tout la ruine de ce principe politique, devraient se garder de combattre un tel système d'éducation, qui façonne et porte chaque jour aux affaires des hommes merveilleusement préparés pour la servitude.

XV.

La France ne peut être arrachée à des périls de tout genre que par la réforme profonde de ses idées et de ses mœurs; cette réforme s'obtiendra, si la France adopte un système d'éducation publique qui enlève peu à peu de son sein l'indifférence religieuse et le mépris de l'autorité, principe des révolutions qui l'épuisent.

L'organisation réelle de la liberté de l'enseignement par une loi obtenue dans des circonstances imprévues et qui offre les moyens de combattre le mal et de faire le bien, permet d'entreprendre avec toutes les chances de succès la rénovation de l'enseignement national.

Le clergé, toujours empressé à mettre ses lumières et son admirable dévouement au service de la société souffrante, est prêt à cultiver, selon ses forces, le vaste champ ouvert de nouveau à sa vocation pour tout ce qui peut tourner au salut des âmes et aux progrès de la véritable civilisation; mais il a besoin d'être soutenu, dans ses efforts, par les bons citoyens, car il est pauvre, peu nombreux et suspect encore à des gens qui se croient à l'abri des préjugés et inaccessibles à l'erreur.

Le secours qui lui est nécessaire lui sera-t-il apporté? Nous ne saurions en douter, sinon il faudrait désespérer de notre nation et nous résigner à la voir succomber dans une agonie que la succession des événements peut rendre rapide.

Les hommes élevés dans les langes de la foi et qui ont su conserver la pureté de leur cœur au milieu du tourbillon de ce siècle, où les plus grands esprits ont presque tous fléchi ou succombé, comprendront que le temps ne permet pas une vie contemplative et qu'il faut agir. « Les circonstances dans lesquelles se trouve actuellement placée la société sont d'une nature si grave, qu'elles demandent que de toutes ses forces on cherche à la sauver (1). »

Ceux qu'une éducation perfide ou que le torrent d'une vie dissipée a éloignés de la vérité et placés dans les rangs de cette armée sceptique et railleuse, où l'on professe qu'un homme peut être honnête,

____

(1) *Instruction de S. S. Pie IX, aux Evêques de France.*

une société régulière, un gouvernement assuré sans religion et sans culte, mais dont le bon sens ou l'intérêt a été réveillé par l'anarchie dont la France est victime, comprendront qu'on ne rompt pas à demi avec le mal, et que dans la guerre déclarée en ce moment à tous les principes sociaux, il n'est pas de place pour les neutres, et qu'il faut se déclarer pour ou contre la société.

Quant aux révolutionnaires de cœur et d'esprit, nous ne leur demanderons assurément rien. Nous les ajournons au moment de leur vie, plus rapproché peut-être qu'ils ne pensent, où de cruelles déceptions, de dures infortunes viendront, une à une, leur dire ce qu'il y a de vide, de désespérant, de coupable dans les croyances qui les entraînent vers leur ruine. Trahis par tout ce qu'ils auront cru, aimé, espéré, ils feront, dans quelque jour d'abattement et de tristesse, un retour sur leur passé et sur eux-mêmes, et alors un sentiment de regret naîtra au fond de leur cœur. Qu'ils ne l'y renferment pas, qu'ils en versent la confidence dans le sein de la religion, et ils finiront au milieu de la paix et du bonheur une vie commencée dans les orages.

BEUGNOT.